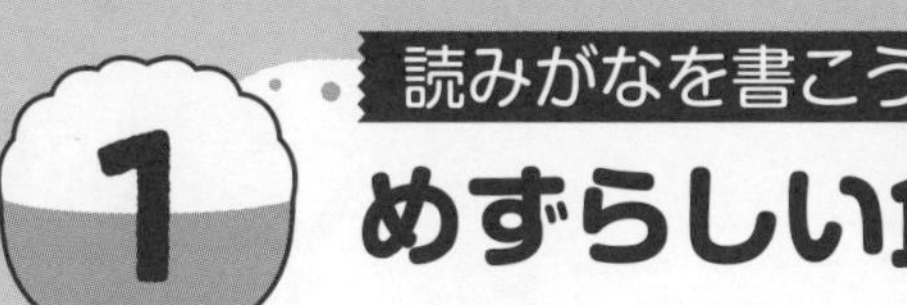

読みがなを書こう

1 めずらしい食べ物

① 希少な食材（しょくざい）を求（もと）めて、旅に出た。

② ツバメの巣のスープを味わう。

③ 英語で書かれたレシピを読む。

④ めずらしく、熊の肉が手に入った。

⑤ 鹿肉のローストがぜっ品だった。

⑥ 巣の近くにわなをしかける。

⑦ 熊手を使って貝をほり出す。

⑧ 英国のウサギのパイ。

イギリスのことだよ

漢字を書こう

1 めずらしい食べ物

① きしょうな食材（しょくざい）を求（もと）めて、旅に出た。〔　〕

② ツバメのすのスープを味わう。〔　〕

③ えいごで書かれたレシピを読む。〔　〕

④ めずらしく、くまの肉が手に入った。〔　〕

⑤ しか肉のローストがぜっ品だった。〔　〕

⑥ すの近くにわなをしかける。〔　〕

⑦ くまでを使って貝をほり出す。〔　〕

⑧ えいこくのウサギのパイ。〔　〕

イギリスのことだよ

ミニ字典

1 めずらしい食べ物

英

音 エイ
訓 —

プラス！
イギリスに「英吉利」と字を当てたんだよ。

巣

音 —
訓 す

プラス！
木の上に鳥の巣がある様子を表している漢字だよ。

希

音 キ
訓 —

プラス！
三画目は「一」ではなく、「ノ」であることに注意！

「英（イギリス）」のように、漢字一文字で国を表す字には「米（アメリカ）」「露（ロシア）」などがあるよ。

鹿

音 —
訓 か・しか

プラス！
奈良（なら）県の鹿は国の天然記念物（てんねんきねんぶつ）に指定されている。

熊

音 —
訓 くま

プラス！
パンダの和名は「白黒熊」。なんと、熊の仲間（なかま）だったんだ！

読みがなを書こう

2 いつかは食べてみたい！

① 念願かなって、ふぐを食べる。（　　）

② 新たな調理方法(ほうほう)を試みる。（　　）

③ 食に関(あ)する願(い)いごと。　あ（　　）　い（　　）

④ きびしい試験を通って、店にならぶ。（　　）

⑤ 多くの人が関わって、入手できた。（　　）

⑥ 天然(てんねん)記念物は、食べてはダメだ。（　　）

⑦ 明日こそ手に入るように願う。（　　）

⑧ 試作品を味わう。（　　）

漢字を書こう

2 いつかは食べてみたい！

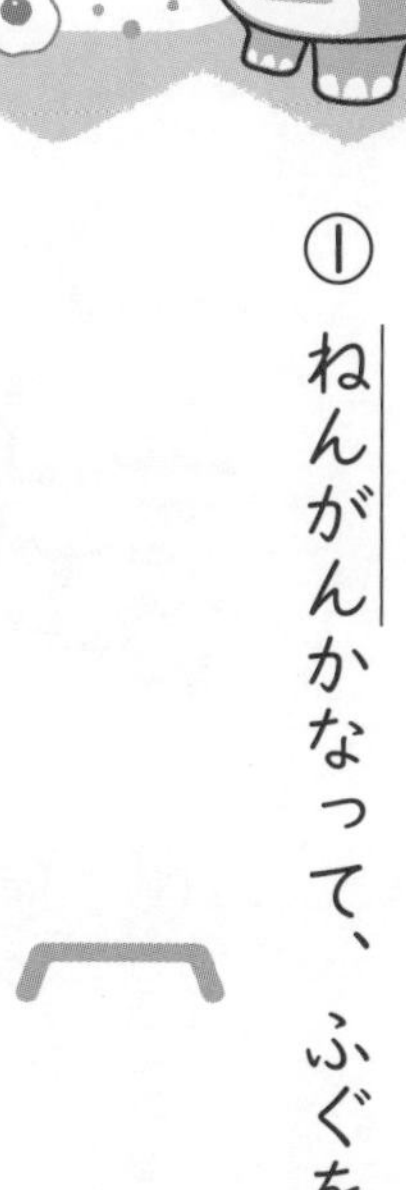

① ねんがんかなって、ふぐを食べる。

［　　］

② 新たな調理方法(ほうほう)をこころみる。

［　　］

③ 食にかんするねがいごと。（あ かんする／い ねがい）

あ［　　］

い［　　］

④ きびしいしけんを通って、店にならぶ。

［　　］

⑤ 多くの人がかかわって、入手できた。

［　　］

⑥ 天然(てんねん)きねん物は、食べてはダメだ。

［　　］

⑦ 明日こそ手に入るようにねがう。

［　　］

⑧ しさくひんを味わう。

［　　］

いつかは食べてみたい！

音 シ
訓 こころ**みる**

プラス！
「式」の書き順(じゅん)を、ちゃんと覚(おぼ)えているかな？

音 ガン
訓 ねが**う**

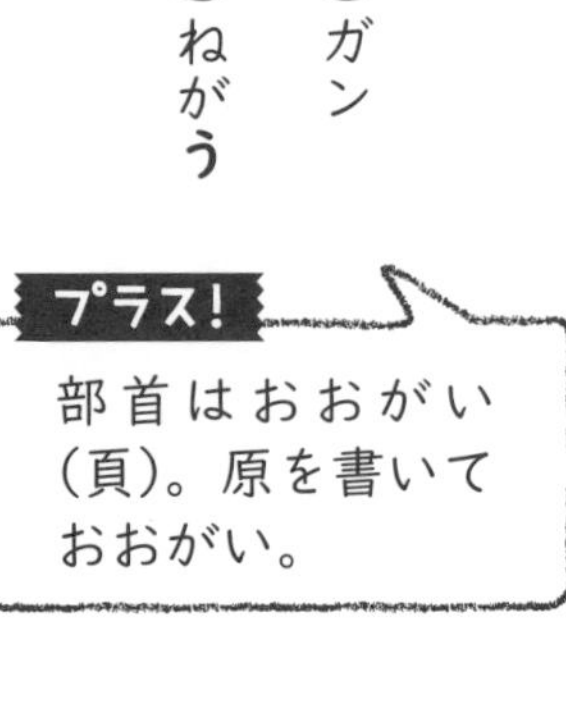

プラス！
部首はおおがい（頁）。原を書いておおがい。

音 ネン
訓 ―

プラス！
念を入れるとは、ミスしないよう注意すること。

試験(しけん)が好(す)きな人は多くないと思うけど、試食・試飲をお店でやっていると、ついつい立ちよってしまうよね。

音 ケン
訓 ―

プラス！
試験(しけん)・受験など、テストに関(かん)してよく使うよ。

音 カン
訓 せき・かか**わる**

プラス！
岐阜(ぎふ)県の関市(せきし)は、包丁(ほうちょう)などのはもので有名な町。

読みがなを書こう

3 島国日本の海のさち ①

① 魚についての知しきを養う。（　）

② 養しょくのマグロもおいしい。（　）

③ 海底近くに大物がひそむ。（　）

④ 漁(あ)に出るか、気候(い)で決める。
あ（　）
い（　）

⑤ 電灯をつけてイカを集める。（　）

⑥ 底引きあみを引く船。（　）

⑦ 漁かく高一位(だかいちい)の港はどこ？（　）

⑧ 灯台の下で、つりを楽しむ。（　）

3 島国日本の海のさち ①

① 魚についての知しきを<u>やしなう</u>。
〔　　〕

② <u>ようしょく</u>のマグロもおいしい。
〔　　〕

③ <u>かいてい</u>近くに大物がひそむ。
〔　　〕

④ <u>りょう</u>（あ）に出るか、<u>きこう</u>（い）で決める。
あ〔　　〕
い〔　　〕

⑤ <u>でんとう</u>をつけてイカを集める。
〔　　〕

⑥ <u>そこ</u>引きあみを引く船。
〔　　〕

⑦ <u>ぎょ</u>かく高一位（だかいちい）の港はどこ？
〔　　〕

⑧ <u>とうだい</u>の下で、つりを楽しむ。
〔　　〕

ミニ字典

島国日本の海のさち ①

音 ギョ　リョウ
訓 —

プラス！
定置(ていち)あみ漁、さしあみ漁などの漁がある。

音 テイ
訓 そこ

プラス！
最後(さいご)に「一」を書くのをわすれないで。

音 ヨウ
訓 やしな**う**

プラス！
「羊」を「食べる」と栄(えい)「養(よう)」になるね。

海にかこまれた日本には、魚の漢字がたくさんあるよ。鯛(たい)、鮪(まぐろ)、鰯(いわし)…他に何があるかな。

音 トウ
訓 —

プラス！
街灯(がいとう)、消灯、点灯、灯火、灯油、けい光灯

音 コウ
訓 —

プラス！
にんべんの後に小さなたてぼうがあるよ！

読みがなを書こう

4 島国日本の海のさち ②

① 海辺の町で、しおひがり。（　　）

② 定置あみにかかる魚たち。（　　）

③ 港で働くたくさんの人。（　　）

④ 船の上の労働で、へとへとだ。（　　）

⑤ 周辺の海では伊勢（いせ）エビがとれる。（　　）

⑥ 辺りはつり客でいっぱいだ。（　　）

⑦ さおを置いたまま、わすれて帰る。（　　）

⑧ 競売にかけられる魚たち。（　　）

漢字を書こう

4 島国日本の海のさち ②

① うみべの町で、しおひがり。〔　〕〔　〕

② ていちあみにかかる魚たち。〔　〕

③ 港ではたらくたくさんの人。〔　〕

④ 船の上のろうどうで、へとへとだ。〔　〕

⑤ しゅうへんの海で伊勢（いせ）エビがとれる。〔　〕

⑥ あたりはつり客でいっぱいだ。〔　〕

⑦ さおをおいたまま、わすれて帰る。〔　〕

⑧ きょうばいにかけられる魚たち。〔　〕

島国日本の海のさち ②

音 ドウ
訓 はたらく

プラス！
「人」が「動」き回るから、「働」く。

音 チ
訓 おく

プラス！
部首はあみがしら。四ににている。

音 ヘン
訓 あたり べ

プラス！
右上を「力」にしないようにね。

音 ロウ
訓 ―

プラス！
この字の部首は「力」。

競

音 キョウ ケイ
訓 ―

左右で全く同じではないんだ。

苦労（くろう）・心労・労働（ろうどう）・労力…大変（たいへん）そうな言葉がならぶけれど、たくさん働（はたら）いた後はごはんがおいしいよね！

読みがなを書こう

山のさちを求めて

① 標高の高い山を登る。

（　　　）

② 鹿（しか）の群れを発見した。

（　　　）

③ タラの芽が生えているぞ！

（　　　）

④ あちこちで発芽（あ）する種（い）。

あ（　　　）

い（　　　）

⑤ 浅い川にも魚が泳ぐ。

（　　　）

⑥ いろいろな種子を食べるリス。

（　　　）

⑦ 群生するワラビやゼンマイ。

（　　　）

⑧ 土筆（つくし）を百本集めるのが目標だ。

（　　　）

漢字を書こう 5 山のさちを求めて

① ひょうこうの高い山を登る。

② 鹿(しか)のむれを発見した。

③ タラのめが生えているぞ！

④ あちこちでⓐはつがするⓘたね。

⑤ あさい川にも魚が泳ぐ。

⑥ いろいろなしゅしを食べるリス。

⑦ ぐんせいするワラビやゼンマイ。

⑧ 土筆(つくし)を百本集めるのがもくひょうだ。

山のさちを求めて

音 ガ
訓 め

プラス!
くさかんむりの下は「きば」という字。

音 グン
訓 む**れ** む**れる** *む**らがる**

プラス!
「君は羊？ それとも馬？」と、群馬県

音 ヒョウ
訓 ―

プラス!
しるし、まとという意味の字。

山のさちといえば、山菜（さんさい）。筍（たけのこ）・芹（せり）・蓬（よもぎ）・蕨（わらび）・土筆（つくし）…むずかしいけど、読めるとかっこいいね。

音 シュ
訓 たね

プラス!
あきないは草の種、命あっての物種、種明かし

音 ―
訓 あさ**い**

プラス!
右上の点をわすれずに書こうね！

読みがなを書こう

6 食生活に気をつけよう

① 食べすぎは健康によくないよ。（　　）

② 塩分はひかえ目にしておこう。（　　）

③ 変な味がしたら、食べないで。（　　）

④ 野菜（やさい）中心の食生活に変える。（　　）

⑤ 少しの塩で味を引き立たせる。（　　）

⑥ 新せんなそざいを選ぶ。（　　）

⑦ 古くなると色が変わる。（　　）

⑧ 食生活に気を配る選手たち。（　　）

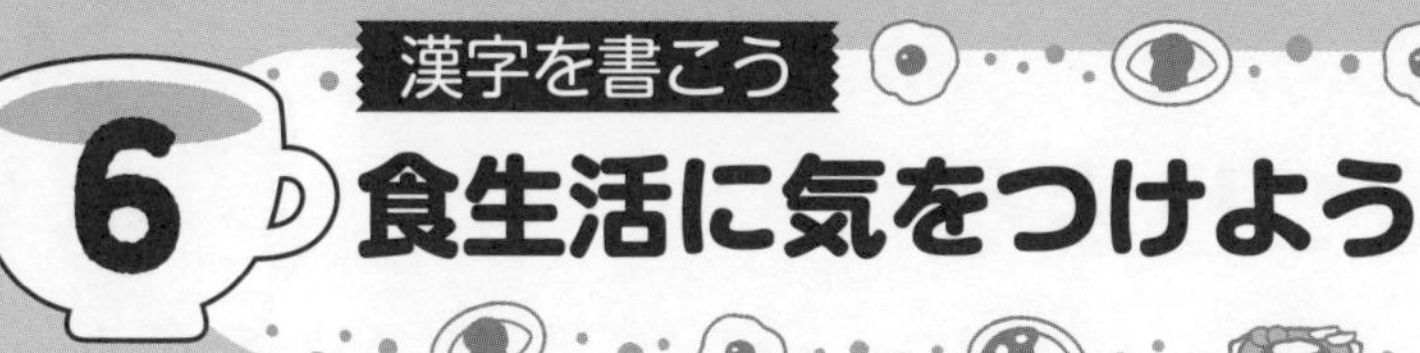

漢字を書こう

6 食生活に気をつけよう

① 食べすぎはけんこうによくないよ。〔　〕

② えんぶんはひかえ目にしておこう。〔　〕

③ へんな味がしたら、食べないで。〔　〕

④ 野菜(やさい)中心の食生活にかえる。〔　〕

⑤ 少しのしおで味を引き立たせる。〔　〕

⑥ 新せんなそざいをえらぶ。〔　〕

⑦ 古くなると色がかわる。〔　〕

⑧ 食生活に気を配るせんしゅたち。〔　〕

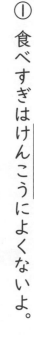

ミニ字典

食生活に気をつけよう

音 エン
訓 しお

音 コウ
訓 —

音 ケン
訓 —

プラス!
海水からつくる塩と、陸(りく)でとれる岩塩があるよ。

プラス!
健康以外(いがい)に、やすらかという意味もある。

プラス!
体がじょうぶ、力が強いという意味。

健康(けんこう)は、「健体康心」という言葉からできている。健は体が元気なこと、康は心が元気なことを表しているんだって。

音 セン
訓 えら**ぶ**

音 ヘン
訓 か**える**
か**わる**

プラス!
しんにょうの最後(さいご)の一画は、すべり台。

プラス!
部首は「ふゆがしら（夂）」。

7 サックサクのあげ物

① からあげと知り、よろこび勇む子。（　　）

② 勇気を出してあげ物にちょうせん。（　　）

③ 油をしっかり熱してからあげるべし。（　　）

④ 油が衣服にはねてしまう。（　　）

⑤ これ以上あげたら、こげるよ。（　　）

⑥ 残念、こげちゃった。（　　）

⑦ 熱いうちに、めし上がれ！（　　）

⑧ 残った油は正しくしょ分します。（　　）

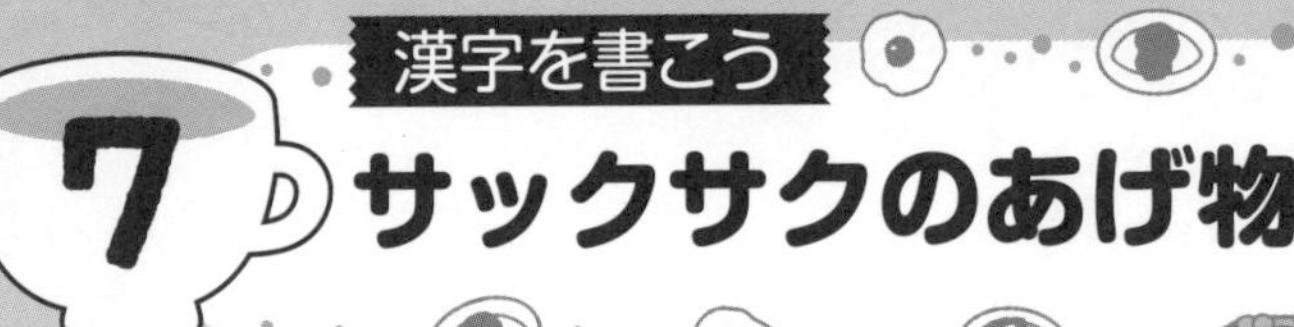

漢字を書こう

7 サックサクのあげ物

① からあげと知り、よろこびいさむ子。

② ゆうきを出してあげ物にちょうせん。

③ 油をしっかりねっしてからあげるべし。

④ 油がいふくにはねてしまう。

⑤ これいじょうあげたら、こげるよ。

⑥ ざんねん、こげちゃった。

⑦ あついうちに、めし上がれ！

⑧ のこった油は正しくしょ分します。

ミニ字典

7 サックサクのあげ物

衣

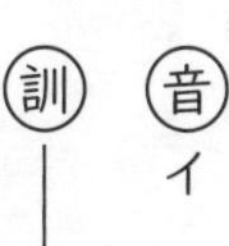

音 イ

訓 ―

プラス！
着るもの。白衣、衣服、着衣など。

熱

音 ネツ

訓 あつ**い**

プラス！
温度が高いことを表す「熱い」。

勇

音 ユウ

訓 いさ**む**

プラス！
勇気、勇士、勇者、大勇は勇ならず

「あつい」という字は色色ある。熱(あつ)いは温度の高さを、暑いは気温の高さを、厚(あつ)いは物のぶあつさを、表している。

残

音 ザン

訓 のこ**る**　のこ**す**

プラス！
残雨、残火、残月、残り物には福がある

以

音 イ

訓 ―

プラス！
心が通じ合うことを「以心伝心」と言う。

おまけ

漢字の書きじゅん　九つのきまり

① 上↓下

三、景、令

② 左↓右

川、位、沖

③ 横↓たて

十、土、井

※左上が角なら、たて↓横

四、臣、岡

④ 左はらいから

人、成、希

⑤ かまえは周り(まわ)↓中身↓ふた

国、固、関

⑥ 中↓左↓右

小、束、求

⑦ 三本以上(いじょう)の交わる横画は横横で終わる

王、青、種、望

⑧ くしざしで終わり

中、半、単

⑨ にょうは後から

道、辺、建

これらのきまりにあてはまらない例外(れいがい)もあるので、気をつけよう。

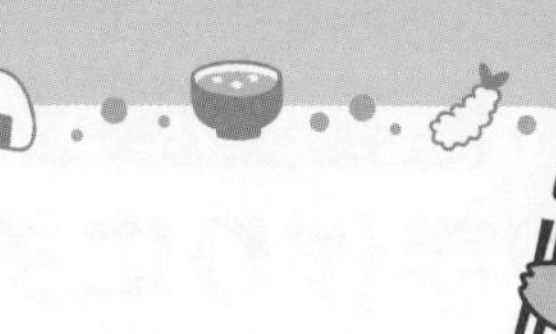

読みがなを書こう

8 手作りにチャレンジ

① 自分で料理をしてみよう。

② 一度の失敗でくじけないで。

③ 作っているうちに、好きになる。

④ 希望をすててはだめだ！

⑤ あなたの望み通りのものを作るよ。

⑥ 調味料、まちがってない？

⑦ もらったレシピを失った。

⑧ コンテストに敗れて悲しむ。

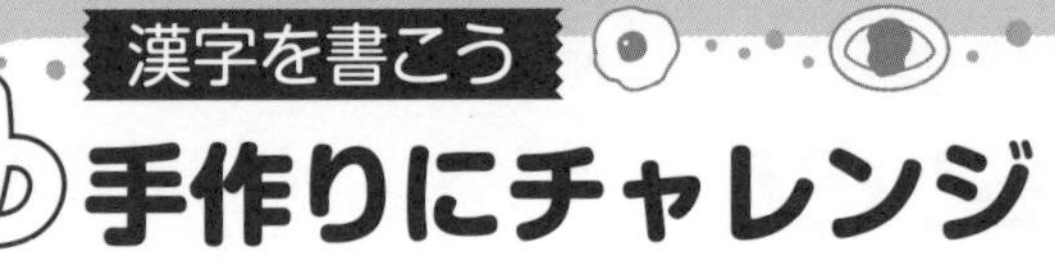

漢字を書こう

8 手作りにチャレンジ

① 自分でりょうりをしてみよう。

② 一度のしっぱいでくじけないで。

③ 作っているうちに、すきになる。

④ きぼうをすててはだめだ！

⑤ あなたののぞみ通りのものを作るよ。

⑥ ちょうみりょう、まちがってない？

⑦ もらったレシピをうしなった。

⑧ コンテストにやぶれて悲しむ。

手作りにチャレンジ

音 ハイ

訓 やぶ**れる**

プラス！

右は、「ぼくにょう」「ぼくづくり」という。

音 シツ

訓 うしな**う**

プラス！

上につき出すように注意。

音 リョウ

訓 —

プラス！

右側(みぎがわ)は「斗」。米などを量(はか)る、ますのこと。

望

音 ボウ

訓 のぞ**む**

プラス！

右上の月は、少しかたむけて書こう。

音 コウ

訓 この**む**　す**く**

プラス！

女の三画目は、右上へはらおう。

料理(りょうり)関係(かんけい)では、昔のかさの単位(たんい)がまだよく使われているんだ。一合(いちごう)、一升(いっしょう)、一斗(いっと)など。聞いたことはあるかな？

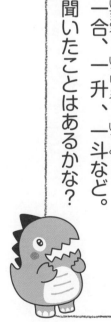

読みがなを書こう

9 調理とマナー

① キッチンはまるで戦場だ。

② 料理（りょうり）は自分との戦いでもある。

③ 約束した通り、時間内に作るよ。

④ 約二リットルの水を用意する。

⑤ 束になったそば。

⑥ レシピに書かれた順に入れてね。

⑦ 争（あ）わないで、順番（い）を守ろう。

⑧ 競争せずに食べようね。

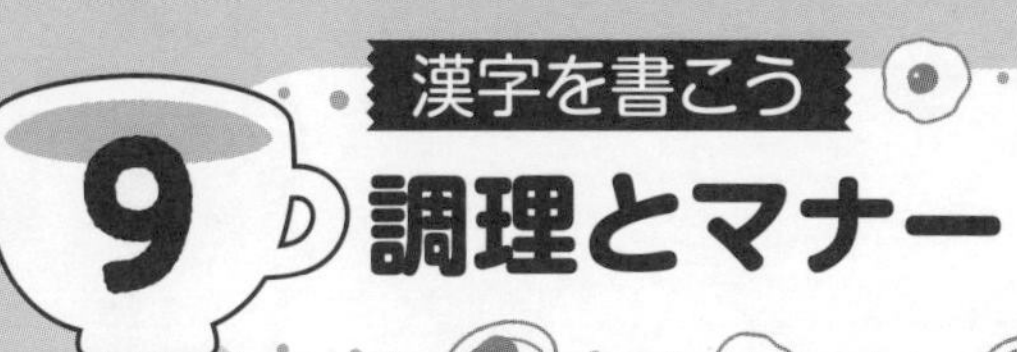

9 調理とマナー

① キッチンはまるでせんじょうだ。

② 料理(りょうり)は自分とのたたかいでもある。

③ やくそくした通り、時間内に作るよ。

④ やく二リットルの水を用意する。

⑤ たばになったそば。

⑥ レシピに書かれたじゅんに入れてね。

⑦ Ⓐあらそわないで、Ⓘじゅんばんを守ろう。

⑧ きょうそうせずに食べようね。

ミニ字典

9 調理とマナー

音 ジュン
訓 ―

プラス！
出席番号順、順位、順当、順番など。

音 ソウ
訓 あらそ**う**

プラス！
走る速さをきそうのが「競走」だよ。

音 セン
訓 たたか**う**

プラス！
戈はほこづくり。「ほこ」というぶきの名前。

戦のほこづくり（戈）のように、ぶきが元になったおのづくり（斤）。おのを表していて、新の右側だね。

音 ヤク
訓 ―

プラス！
この一字で約束という意味もある。

音 ソク
訓 たば

プラス！
ふくろのりょうはしをしばった形。

読みがなを書こう

10 学校のランチタイム

① やっと給食の時間だ！

② おはしをわすれたので借りる。

③ コップも借用する。

④ デザートは各自で取りに行く。

⑤ スープで満たされたお皿。

⑥ 「いただきます。」と唱和する。

⑦ 「ピーマンおいしくなれ。」と唱える。

⑧ いっぱい食べて、満足だ。

漢字を書こう

10 学校のランチタイム

①やっときゅうしょくの時間だ！

②おはしをわすれたのでかりる。

③コップもしゃくようする。

④デザートはかくじで取りに行く。

⑤スープでみたされたお皿。

⑥「いただきます。」としょうわする。

⑦「ピーマンおいしくなれ。」ととなえる。

⑧いっぱい食べて、まんぞくだ。

ミニ字典

10 学校のランチタイム

各

音 カク
訓 —

プラス！
言葉の頭につけて「それぞれ」という意味。

借

音 シャク
訓 か**りる**

プラス！
右側(みぎがわ)は昔。借りた物は返そう。

給

音 キュウ
訓 —

プラス！
給水、給付(きゅうふ)、給油、給料(きゅうりょう)、日給、配給

日本で学校給食(きゅうしょく)が始まったのは、一八八九年と言われているよ。ただ、こんだては今とはずいぶんちがったみたい。

唱

音 ショウ
訓 とな**える**

プラス！
みんなで唱えるのが唱和。

満

音 マン
訓 み**たす**
み**ちる**

プラス！
いっぱいになる、みちているという意味。

11 読みがなを書こう

「文学・れきし」と食べ物

① 『老人と海』に出てきたカジキ。

ヘミングウェイ作

（　　）

② 焼いたもちがくっついてとれないネコ。

『吾輩(わがはい)は猫(ねこ)である』

（　　）

③ 家臣にどく見をさせるおとの様。

（　　）

④ お城では、毎日ごちそうが出る。

（　　）

⑤ 美しい食器で味わうお茶。

（　　）

⑥ 城下町の名物を食べ歩く。

（　　）

⑦ 老いた牛を豆と交かんする。

『ジャックと豆の木』

（　　）

⑧ 大臣(あ)にたまご焼き(い)を作らせる。

『ぞうのたまごのたまごやき』

あ（　　）

い（　　）

11 「文学・れきし」と食べ物

漢字を書こう

① 『ろうじんと海』に出てきたカジキ。

ヘミングウェイ作

【　】

② やいたもちがくっついてとれないネコ。

『吾輩（わがはい）は猫（ねこ）である』

【　】

③ かしんにどく見をさせるおとの様。

【　】

④ おしろでは、毎日ごちそうが出る。

【　】

⑤ 美しいしょっきで味わうお茶。

【　】

⑥ じょうかまちの名物を食べ歩く。

【　】

⑦ おいた牛を豆と交かんする。

『ジャックと豆の木』

【　】

⑧ だいじん（あ）にたまごやき（い）を作らせる。

『ぞうのたまごのたまごやき』

あ【　】　い【　】

ミニ字典

11 「文学・れきし」と食べ物

音 シン ジン

訓 ―

プラス！

これ一字で「家来」という意味だよ。

音 ―

訓 やく やける

プラス！

火へんの次は、土じゃないので注意！

音 ロウ

訓 おいる

プラス！

老人がつえをついて立っている様子。

仕組みがかんたんで小さなものを「器械」、仕組みがふくざつで大きなものを「機械」と言うんだ。

音 キ

訓 ―

プラス！

四つの入れ物を犬が守っている様子。

音 ジョウ

訓 しろ

プラス！

城の周りにできた町を城下町というよ。

読みがなを書こう

12 はらがへってはいくさはできぬ

① 兵隊さんも、おなかがすく。

（　　　　）

② 海軍のカレーはおいしいらしい。

（　　　　）

③ 上官(あ)の命令(い)で料理(りょうり)する。

あ（　　　　）

い（　　　　）

④ 水兵は見はりをしながら食事。

（　　　　）

⑤ タケノコのようにまっすぐな隊列。

（　　　　）

⑥ 消化器官(あ)がじょうぶな兵士(い)。

あ（　　　　）

い（　　　　）

⑦ 号令を合図に食事が始まる。

（　　　　）

⑧ 軍人たるもの、お残(のこ)しはしない。

（　　　　）

漢字を書こう

12 はらがへってはいくさはできぬ

① へいたいさんも、おなかが空く。〔　　〕

② かいぐんのカレーはおいしいらしい。〔　　〕

③ じょうかん(あ)のめいれい(い)で料理(りょうり)する。(あ)〔　　〕(い)〔　　〕

④ すいへいは見はりをしながら食事。〔　　〕

⑤ タケノコのようにまっすぐなたいれつ。〔　　〕

⑥ しょうかきかん(あ)がじょうぶなへいし(い)。(あ)〔　　〕(い)〔　　〕

⑦ ごうれいを合図に食事が始まる。〔　　〕

⑧ ぐんじんたるもの、お残(のこ)しはしない。〔　　〕

ミニ字典

12 はらがへってはいくさはできぬ

訓 ―
音 グン

プラス！

軍門にくだる、
大軍に関所(せきしょ)なし

訓 ―
音 タイ

プラス！

右側(みぎがわ)の家は「ぶた」
というよ。

訓 ―
音 ヘイ
ヒョウ

プラス！

斤（おの）を両手で
持っている形だよ。

訓 ―
音 レイ

プラス！

下の部分は、ひざ
まずいた人の形。

訓 ―
音 カン

プラス！

官がつく「館」も、
カンと読むね。

軍という字は「わかんむり（冖）を書いて車」と書くことができる。このように、漢字はいくつかの部分に分けて書き順(じゅん)を覚(おぼ)えると、頭に残(のこ)るよ。

読みがなを書こう

13 しっかり食べようベジタブル ①

① 野菜も残(のこ)さずに食べようね。（　　）

② キャベツの産地を調べて発表する。（　　）

③ おばあちゃんが作った梅ぼし。（　　）

④ 大葉のいい香り。（　　）

⑤ わたしの県の郡部には畑が多い。（　　）

⑥ いためてニンニクの香りを立たせる。（　　）

⑦ 菜種油を使い、ドレッシング作り。（　　）

⑧ キャベツにたまごを産むアゲハ。（　　）

漢字を書こう

13 しっかり食べようベジタブル ①

① やさいも残（のこ）さずに食べようね。

② キャベツのさんちを調べて発表する。

③ おばあちゃんが作ったうめぼし。

④ 大葉のいいかおり。

⑤ わたしの県のぐんぶには畑が多い。

⑥ いためてニンニクのかおりを立たせる。

⑦ なたね油を使い、ドレッシング作り。

⑧ キャベツにたまごをうむアゲハ。

ミニ二字典

13 しっかり食べようベジタブル ①

音 バイ

訓 うめ

プラス！ 梅の生産量(せいさんりょう)日本一は、和歌山県。

産

音 サン

訓 う**まれる**　う**む**

プラス！ 立＋ノ＋生。出産、安産、生産、名産など。

音 サイ

訓 な

プラス！ ⺾＋ノ＋ツ＋木。「くさのつき」と覚(おぼ)えよう。

菜という字は、野菜(やさい)だけでなくおかずという意味もある。メインのおかずが主菜、もう一つのおかずが副菜(ふくさい)だよ。

音 グン

訓 ―

プラス！ 郡は土地の区画の仕方だよ。

音 ―

訓 か　かお**り**　かお**る**

プラス！ 番とそっくり！正しく覚えよう。

読みがなを書こう

14 しっかり食べようベジタブル ②

① 自然のめぐみを、大切にいただく。（　　）

② 花が散った後に、実ができる。（　　）

③ 農薬を散ぶしないで作る。（　　）

④ 太陽の光を浴びて育つ。（　　）

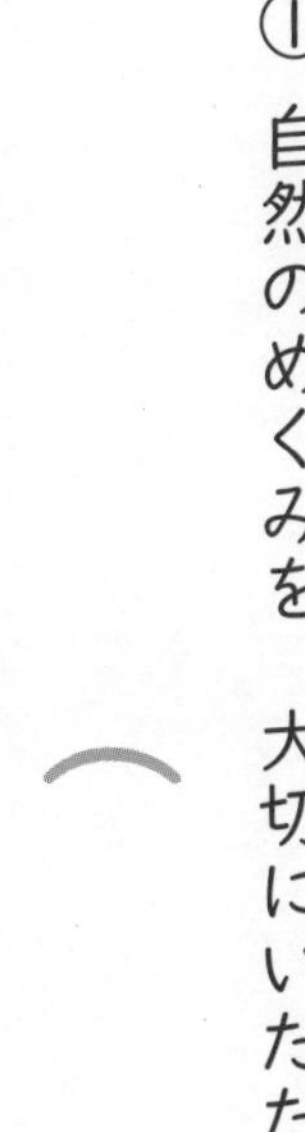

⑤ スイカを食べながら、森林浴。（　　）

⑥ 清流でワサビを育てる。（　　）

⑦ 昔から伝えられてきた田畑。（　　）

⑧ 伝とうを守って作られた京野菜（きょうやさい）。（　　）

漢字を書こう

14 しっかり食べようベジタブル ②

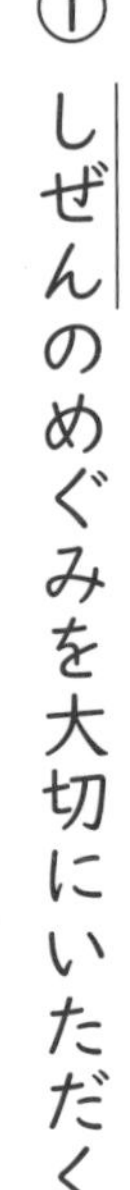

① しぜんのめぐみを大切にいただく。

② 花がちった後に、実ができる。

③ 農薬をさんぷしないで作る。

④ 太陽の光をあびて育つ。

⑤ スイカを食べながら、しんりんよく。

⑥ せいりゅうでワサビを育てる。

⑦ 昔からつたえられてきた田畑。

⑧ でんとうを守って作られた京(きょう)野菜(やさい)。

ミニ字典

しっかり食べようベジタブル ②

音 ヨク

訓 あびせる あびる

プラス！

谷川の水で、水浴びでもしたのかな？

音 サン

訓 ちる ちらす ちらかす ちらかる

プラス！

この字の三画目までが、カタカナの「サ」の元になったよ。

音 ゼン ネン

訓 ―

プラス！

犬の肉を火で焼（や）いている様子を表す。

野菜（やさい）の名前も漢字で書けるよ。人参（にんじん）・大根（だいこん）はまだ読めるけど、南瓜（かぼちゃ）・牛蒡（ごぼう）・大蒜（にんにく）はむずかしいね。

音 デン

訓 つたう つたえる つたわる

プラス！

人が云（い）うと書く。人の口に戸は立てられないね。

音 セイ

訓 きよい きよまる きよめる

プラス！

きれいでけがれがないという意味。

①飯飯飯飯飯飯飯飯飯飯飯飯飯飯飯飯飯飯
飯飯飯飯飯飯飯飯飯飯飯飯飯飯飯飯飯飯飯飯
飯飯飯飯飯飯飯飯飯飯飯飯飯飯飯飯飯飯飯飯
飯飯飯飯飯飯飯飯飯飯飯飯飯飯飯飯飯飯飯飯
飯飯飯飯飯飯飯飯飯飯飯飯飯飯飯飯飯飯飯飯
飯飯飯飯飯飯飯飯飯飯飯飯飯飯飯飯飯飯飯飯
飯飯飯飯飯飯飯飯飯飯飯飯飯飯飯飯飯飯飯飯
飯飯飯飯飯飯飯飯飯飯飯飯飯飯飯飯飯飯飯飯
飯飯飯飯飯飯飯飯飯飯飯飯飯飯飯飯飯飯飯飯
飯飯飯飯飯飯飯飯飯飯飯飯飯飯飯飯飯飯飯飯
飯飯飯飲飯飯飯飯飯飯飯飯飯飯飯飯飯飯飯飯
飯飯飯飯飯飯飯飯飯飯飯飯飯飯飯飯飯飯飯飯
飯飯飯飯飯飯飯飯飯飯飯飯飯飯飯飯飯飯飯飯

ご飯(はん)は食べるものであって、
飲むものではないよね？

②菜菜菜菜菜菜菜菜菜菜菜菜菜菜菜菜菜菜
菜菜菜菜菜菜菜菜菜菜菜菜菜菜菜菜菜菜菜菜
菜菜菜菜菜菜菜菜菜菜菜菜菜菜菜菜菜菜菜菜
菜菜菜菜菜菜菜菜菜菜菜菜菜菜菜菜菜菜菜菜
菜菜菜菜菜菜菜菜菜菜菜菜菜菜菜菜菜菜菜菜
菜菜菜菜菜菜菜菜菜菜菜菜菜奈菜菜菜菜菜菜
菜菜菜菜菜菜菜菜菜菜菜菜菜菜菜菜菜菜菜菜
菜菜菜菜菜菜菜菜菜菜菜菜菜菜菜菜菜菜菜菜
菜菜菜菜菜菜菜菜菜菜菜菜菜菜菜菜菜菜菜菜
菜菜菜菜菜菜菜菜菜菜菜菜菜菜菜菜菜菜菜菜
菜菜菜菜菜菜菜菜菜菜菜菜菜菜菜菜菜菜菜菜
菜菜菜菜菜菜菜菜菜菜菜菜菜菜菜菜菜菜菜菜
菜菜菜菜菜菜菜菜菜菜菜菜菜菜菜菜菜菜菜菜

読みは同じだけど……
食べられないなあ。

③梅梅梅梅梅梅梅梅梅梅梅梅梅梅梅梅梅梅
梅梅梅梅梅梅梅梅梅梅梅梅梅梅梅梅梅梅梅梅
梅梅梅梅梅梅梅梅梅梅梅梅梅梅梅梅梅梅梅梅
梅梅梅梅梅梅梅梅梅梅梅梅梅梅梅梅梅梅梅梅
梅梅梅梅梅梅梅梅梅梅梅梅梅梅梅梅梅梅梅梅
梅梅梅梅梅梅梅梅梅梅梅梅梅梅梅梅梅梅梅梅
梅梅梅梅梅梅梅梅梅梅梅梅梅梅梅梅梅梅梅梅
梅梅梅梅梅梅梅梅梅梅梅梅梅梅梅梅梅梅梅梅
梅梅梅梅梅梅梅梅梅梅梅梅梅梅梅梅梅梅梅梅
梅梅梅梅梅梅梅梅梅梅梅梅梅梅梅梅梅梅梅梅
梅梅梅梅梅梅梅梅梅梅梅梅梅梅梅梅梅梅梅梅
梅梅梅梅梅梅梅梅梅梅梅梅梅梅梅梅海梅梅梅
梅梅梅梅梅梅梅梅梅梅梅梅梅梅梅梅梅梅梅梅
梅梅梅梅梅梅梅梅梅梅梅梅梅梅梅梅梅梅梅梅

梅(うめ)は木になるものだから、
ここでさがしてもむだだよ。

④果果果果果果果果果果果果果果果果果果
果果果果果果果果果果果果果果果果果果果果
果果果果果果果果果果果果果果果果果果果果
果果果果果果果果果果果果果果果果果果果果
果果果果果果果果果果果果果果果果果果果果
果果果果果果果果果果果果果果果果果果果果
果果果果果果果果果果果果果果果果果果果果
果果果果果果果果果果果果果果果果果果果果
果果果果果果果果果果果果果果果果果果果果
果果果果果果果果果果果果果果果果果果果果
果果果果果果果果果果果果果果果果果果果果
果果果果果果果果果果果果果果果果果果果果
果果果果果果果果果果果巣果果果果果果果果
果果果果果果果果果果果果果果果果果果果果

見つけられないって？
ツかれているのかもね～。

答え：①下から三列目、左から四つ目　②上から六列目、右から七つ目
③下から三列目、右から四つ目　④下から二列目、右から九つ目

15 読みがなを書こう
有名レストランへ

①シェフの山田氏は有名人だ。
（　　）

山田さんのていねいな言い方

②古い倉(あ)をリフォームした建物(い)。
あ（　　）　い（　　）

③リストに氏名を書いて待つ。
（　　）

④行列がどこまでも続いている。
（　　）

⑤倉庫でしこむ、ひみつのスープ。
（　　）

⑥泣けてくるほどおいしい！
（　　）

⑦近くに二号店を建ちく予定。
（　　）

⑧二日連続で食べに来た。
（　　）

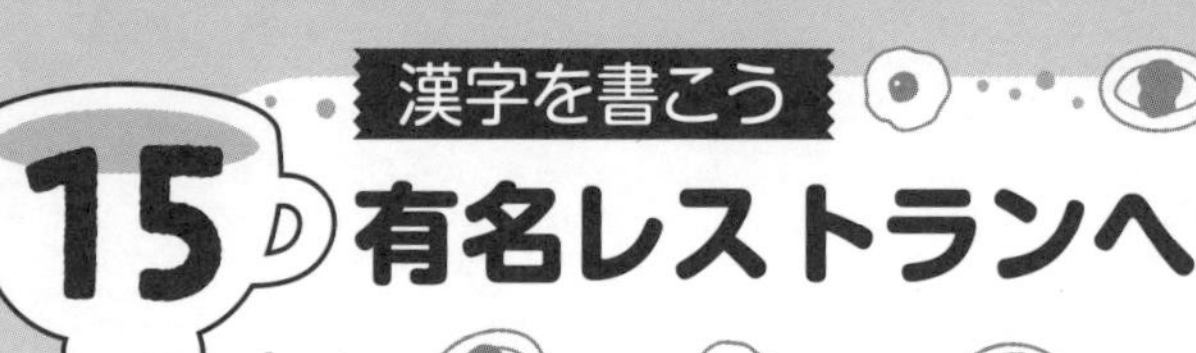

15 有名レストランへ

漢字を書こう

① シェフの山田しは有名人だ。

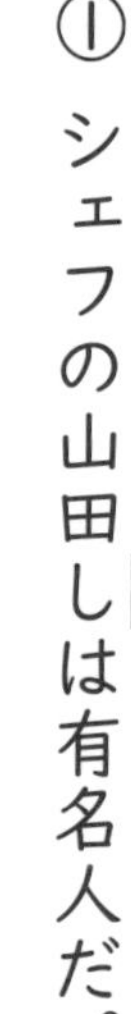

〔　　　〕

② 古いくらをリフォームしたたてもの。

㋐〔　　　〕　㋑〔　　　〕

③ リストにしめいを書いて待つ。

〔　　　〕

④ 行列がどこまでもつづいている。

〔　　　〕

⑤ そうこでしこむ、ひみつのスープ。

〔　　　〕

⑥ なけてくるほどおいしい！

〔　　　〕

⑦ 近くに二号店をけんちく予定。

〔　　　〕

⑧ 二日れんぞくで食べに来た。

〔　　　〕

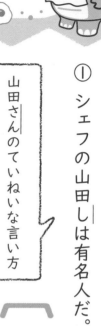

15 有名レストランへ

音 ケン
訓 たつ たてる

プラス！
部首はえんにょう（廴）という。

音 ソウ
訓 くら

プラス！
お米などをしまっておく建物のこと。

音 シ
訓 ―

プラス！
これ一字でみょうじを表しているよ。

氏という字は、「紙」「底」「低」など、色んな字の一部になっているね。よく使われる字は他にもあるかな？

音 ―
訓 なく

プラス！
なみだを表す字からできたよ。

音 ゾク
訓 つづく つづける

プラス！
とぎれないで引きつづくという意味。

読みがなを書こう

16 家族で食事を楽しむ ①

① 夫(あ)のてい案(い)で外食に。
　あ（　　）　い（　　）

② 達人の作るマーボーどうふ。（　　）

③ 案外、道がこんでいる。（　　）

④ 田中夫人は洋食を希望(きぼう)。（　　）

⑤ ようやく店にとう達できた。（　　）

⑥ みんなに不満はなさそうだ。（　　）

⑦ お子様ランチに立った旗。（　　）

⑧ 世界の国旗がかざられている。（　　）

漢字を書こう

16 家族で食事を楽しむ ①

① おっと(あ)のていあん(い)で外食に。

あ〔　　〕 い〔　　〕

② たつじんの作るマーボーどうふ。

〔　　〕

③ あんがい、道がこんでいる。

〔　　〕

④ 田中ふじんは洋食を希望(きぼう)。

〔　　〕

⑤ ようやく店にとうたつできた。

〔　　〕

⑥ みんなにふまんはなさそうだ。

〔　　〕

⑦ お子様ランチに立ったはた。

〔　　〕

⑧ 世界中のこっきがかざられている。

〔　　〕

ミニ字典

16 家族で食事を楽しむ ①

音 タツ
訓 ―

プラス!
右の部分は土を書いて、羊を書くよ。

音 アン
訓 ―

プラス!
「案外」は考えの外なので予想外ということ。

音 フ
訓 おっと

プラス!
けっこんしている男の人のことだよ。

音 フ・ブ
訓 ―

プラス!
カタカナの「フ」の元になった字だよ。

音 キ
訓 はた

プラス!
万国旗、白旗、旗色が悪い、旗印(はたじるし)

「不」と同じように、他の字の前について「~ない」を意味する字は、他に「非」「未」「無」があるよ。

17 読みがなを書こう

家族で食事を楽しむ ②

① 夏休みに孫がやってくる。
（　　　）

② 子孫にまぼろしの味を伝(つた)える。
（　　　）

③ 笑(あ)っているところを録画(い)する。
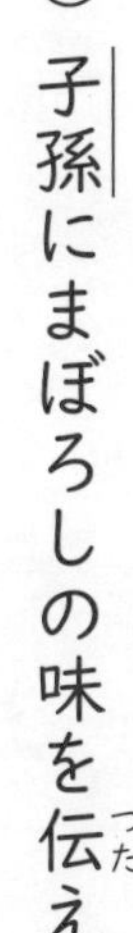
あ（　　　）
い（　　　）

④ おやつは別ばらと、おじいちゃん。
（　　　）

⑤ 笑いがたえない明るい食たく。
（　　　）

⑥ 特別にメニューを考える。
（　　　）

⑦ お別れの日におみやげをわたす。
（　　　）

⑧ 特急列車に乗って帰る。
（　　　）

17 家族で食事を楽しむ ②

① 夏休みにまごがやってくる。

〔　　〕

② しそんにまぼろしの味を伝(つた)える。

〔　　〕

③ (あ)わらっているところを(い)ろくがする。

(あ)〔　　〕　(い)〔　　〕

④ おやつはべつばらと、おじいちゃん。

〔　　〕

⑤ わらいがたえない明るい食たく。

〔　　〕

⑥ とくべつにメニューを考える。

〔　　〕

⑦ おわかれの日におみやげをわたす。

〔　　〕

⑧ とっきゅうれっしゃに乗って帰る。

〔　　〕

ミニ字典

17 家族で食事を楽しむ ②

訓 ―
音 ロク

プラス！
写しとって残(のこ)すこと。

訓 わらう
音 ―

プラス！
⺮＋ノ＋大で、出来上がり！

訓 まご
音 ソン

プラス！
「つながり」という意味がある字だよ。

「孫」のように、親族関係(かんけい)を表す字はたくさんある。
親・子・兄・弟・姉・妹。従兄弟(いとこ)・甥(おい)・姪(めい)なんていうのもあるよ。

別

訓 わかれる
音 ベツ

プラス！
一別、決別、月別、区別、差別(さべつ)、死別

訓 ―
音 トク

プラス！
とくに、とりわけという意味。

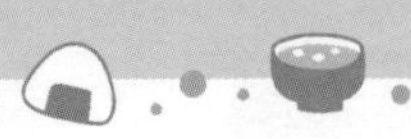

読みがなを書こう

18 あま〜いスイーツはいかが？

① 街角で行列にならぶ。

② 街頭で食べ歩き。

③ 選(えら)びぬかれた食材を使う。

④ 味覚がしげきされる。

⑤ この味はいつまでも覚えていたい。

⑥ 行列にならぶには根気が必要だ。

⑦ 必ずまた来ようとちかった。

⑧ 味つけの要となるハチミツ。

漢字を書こう

18 あま～いスイーツはいかが？

①まちかどで行列にならぶ。〔　〕

②がいとうで食べ歩き。〔　〕

③選(えら)びぬかれたしょくざいを使う。〔　〕

④みかくがしげきされる。〔　〕

⑤この味はいつまでもおぼえていたい。〔　〕

⑥行列にならぶには根気がひつようだ。〔　〕

⑦かならずまた来ようとちかった。〔　〕

⑧味つけのかなめとなるハチミツ。〔　〕

ミニ字典

18 あま～いスイーツはいかが？

覚

音 カク

訓 おぼ**える**　さ**ます**　さ**める**

プラス！

ツ＋冖＋見で、出来上がり！

材

音 ザイ

訓 ―

プラス！

丸太や、役に立つものをさすよ。

街

音 ガイ

訓 まち

プラス！

部首は左右からはさむぎょうがまえ行。

要は、元は女性(じょせい)の「腰(こし)」をしめつける様子を表した字。人体にとって「腰」は重要なので、かなめという意味になったよ。

要

音 ヨウ

訓 かなめ

プラス！

大切なところを表す字だよ。

必

音 ヒツ

訓 かなら**ず**

プラス！

部首は心。心がかくれているね。

読みがなを書こう

19 色んなシーズンの食べ物

① 鏡もちをわって食べる。（　　）

② 卒業式[あ]の日のお祝[い]いこんだて。
あ（　　）　い（　　）

③ 進級を祝してかんぱいだ。（　　）

④ 季節ごとにおいしいものが変わる。（　　）

⑤ 節分に、豆をまいて食べる。（　　）

⑥ 春夏秋冬、四季の食べる楽しみ。（　　）

⑦ かつお節は作る時期で味がことなる。（　　）

⑧ 望遠鏡とおだんごでお月見。（　　）

19 色んなシーズンの食べ物

① かがみもちをわって食べる。

〔　〕

② そつぎょう(あ)式のおいわい(い)こんだて。

あ〔　〕

い〔　〕

③ 進級をしゅくしてかんぱいだ。

〔　〕

④ きせつごとにおいしいものが変(か)わる。

〔　〕

⑤ せつぶんに、豆をまいて食べる。

〔　〕

⑥ 春夏秋冬、しきの食べる楽しみ。

〔　〕

⑦ かつおぶしは作る時期で味がことなる。

〔　〕

⑧ ぼうえんきょうとおだんごでお月見。

〔　〕

ミニ字典

19 色んなシーズンの食べ物

音 シュク

訓 いわ**う**

プラス！

祝辞（しゅくじ）、祝日、祝祭、祝い金、内祝い

音 ソツ

訓 ―

プラス！

元は兵士（へいし）という意味がある字だよ。

音 キョウ

訓 かがみ

プラス！

昔の鏡は金ぞくでできていたんだって。

「祝」と同様に、しめすへん（ネ）のつく字で、四年生までに習うのは「礼」「神」「社」「福」。

音 セツ

訓 ふし

プラス！

竹や草木のふしから、「くぎり」という意味。

音 キ

訓 ―

プラス！

ノ＋木＋子で、出来上がり！

読みがなを書こう

20 フルーツ大好き ①

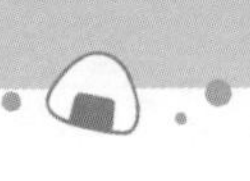

① デザートに果物がほしいな。
（　　）

② 芸(あ)じゅつ的(い)な切り方。
あ（　　）　い（　　）

③ 一つずつふくろに包んで育てたもも。
（　　）

④ 真夏の太陽のような果実。
（　　）

⑤ ふるさとから便りと夏みかんが来る。
（　　）

⑥ 的当ての景品(けいひん)でりんごをもらう。
（　　）

⑦ 果てしなく広がるぶどう畑。
（　　）

⑧ 包(あ)そうして、たく配便(い)で送る。
あ（　　）　い（　　）

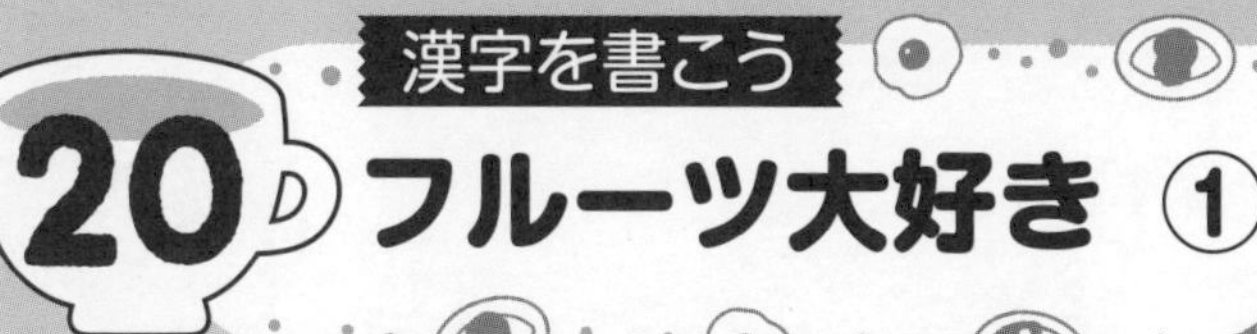

漢字を書こう 20 フルーツ大好き ①

① デザートにくだものがほしいな。

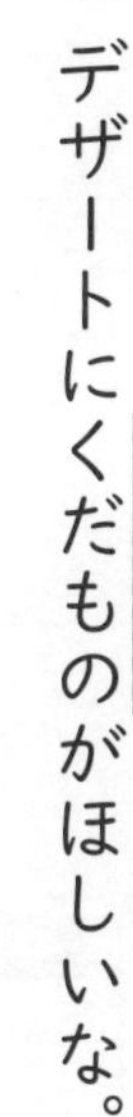

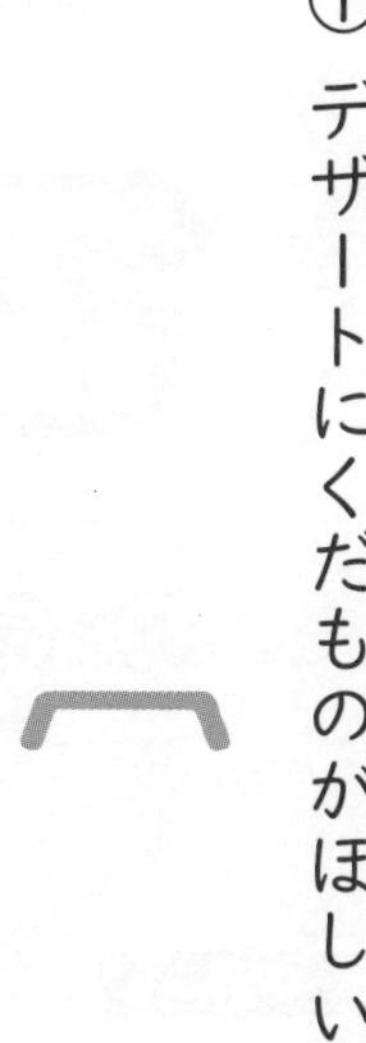

② げいじゅ(あ)つてき(い)な切り方。

あ

い

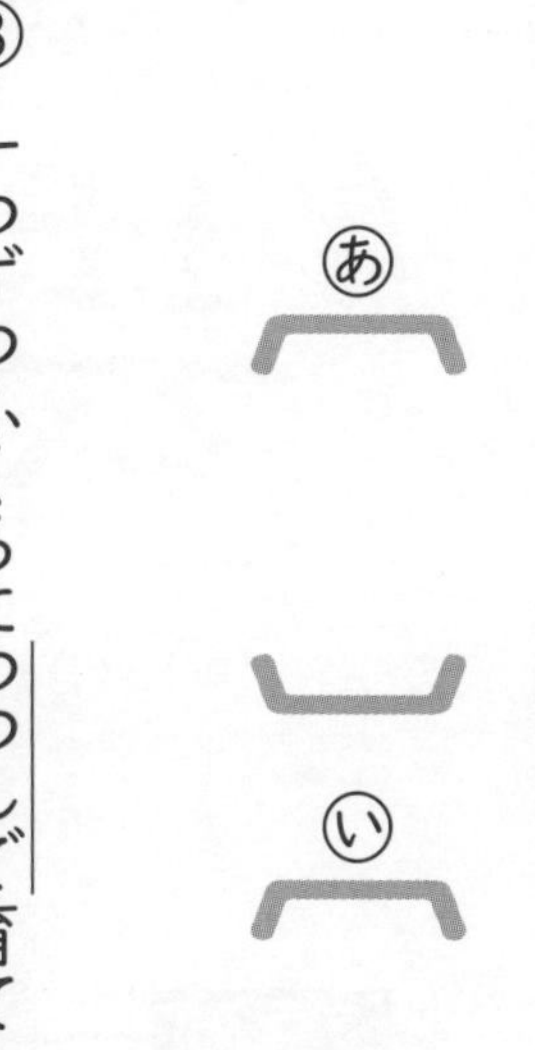

③ 一つずつふくろにつつんで育てたもも。

④ 真夏の太陽のようなかじつ。

⑤ ふるさとからたよりと夏みかんが来る。

⑥ まと当ての景品(けいひん)でりんごをもらう。

⑦ はてしなく広がるぶどう畑。

⑧ ほう(あ)そうして、たく配びん(い)で送る。

あ

い

ミニ字典

20 フルーツ大好き ①

音 ホウ
訓 つつ**む**

プラス！
包丁は、元は料理（りょうり）人（にん）のことだそうだよ。

音 ゲイ
訓 ―

プラス！
身につけたわざの意味。

音 カ
訓 は**たす**
は**て**

プラス！
果物（くだもの）は特別（とくべつ）な読み方だよ。

「芸人」というと、今ではお笑（わら）い芸人をイメージするけど、元ははば広い芸の道に通じている人のことだよ。

音 テキ
訓 まと

プラス！
まと、目当てなどの意味。

音 ビン
ベン
訓 たよ**り**

プラス！
たより、都合が良（よ）いなどの意味。

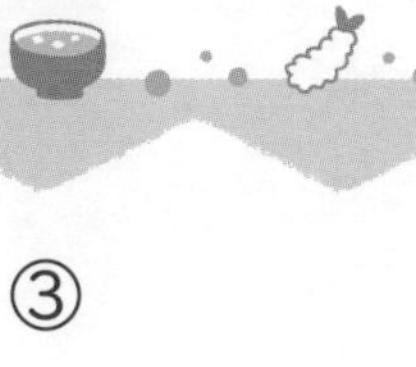

読みがなを書こう

21 フルーツ大好き ②

① みずみずしい梨を買ってきたよ。（　　）

② 最高級のマンゴーをどうぞ。（　　）

③ しゅうかくを終えたら印をつける。（　　）

④ レモンは、かんきつ類ⓐの仲間ⓘ。
ⓐ（　　）
ⓘ（　　）

⑤ 類いまれなあまさのスイカ。（　　）

⑥ 最も売れているフルーツを調べて。（　　）

⑦ 見た目の印しょうが悪いと売れない。（　　）

⑧ 山梨県は、ぶどうで有名だ。（　　）

21 フルーツ大好き ②

① みずみずしいなしを買ってきたよ。

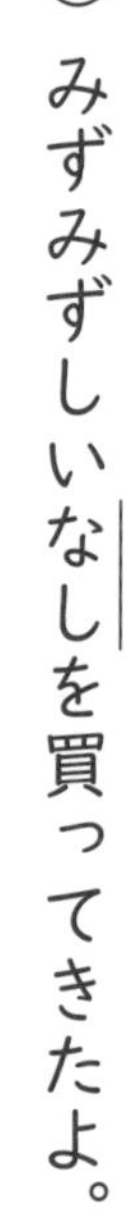

② さいこうきゅうのマンゴーをどうぞ。

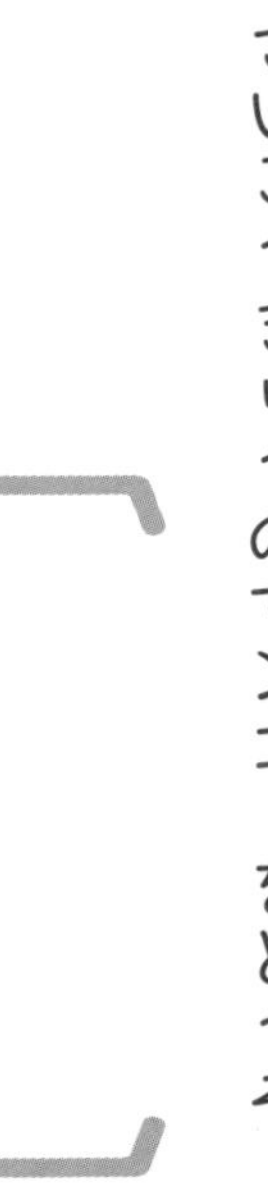

③ しゅうかくを終えたらしるしをつける。

④ レモンは、かんきつるいのなかま。
あ〔　　〕い〔　　〕

⑤ たぐいまれなあまさのスイカ。

⑥ もっとも売れているフルーツを調べて。

⑦ 見た目のいんしょうが悪いと売れない。

⑧ やまなしけんは、ぶどうで有名だ。

ミニ字典

フルーツ大好き ②

音 イン
訓 しるし

プラス!
しるしの他に、はんこという意味もあるよ。

音 サイ
訓 もっとも

プラス!
一番という意味。最高、最愛（さいあい）、最大など。

音 ―
訓 なし

プラス!
1kgもある大きな品種（ひんしゅ）の梨もあるよ。

フルーツだって、漢字で書けるよ。
苺（いちご）・西瓜（すいか）・葡萄（ぶどう）・林檎（りんご）・蜜柑（みかん）・檸檬（れもん）・芒果（まんごー）など。

音 ―
訓 なか

プラス!
右側（みぎがわ）の中がチュウという音読みのもとだよ。

音 ルイ
訓 たぐい

プラス!
米＋大＋頁と覚（おぼ）えると、かんたんだね！

おまけ

画数めいろ

二つの漢字の画数をくらべて、多い方を選んで進もう。選んだ漢字の画数を全てたすと、いくつになるかな？ ヒントは、大みそかにかねを鳴らす回数！

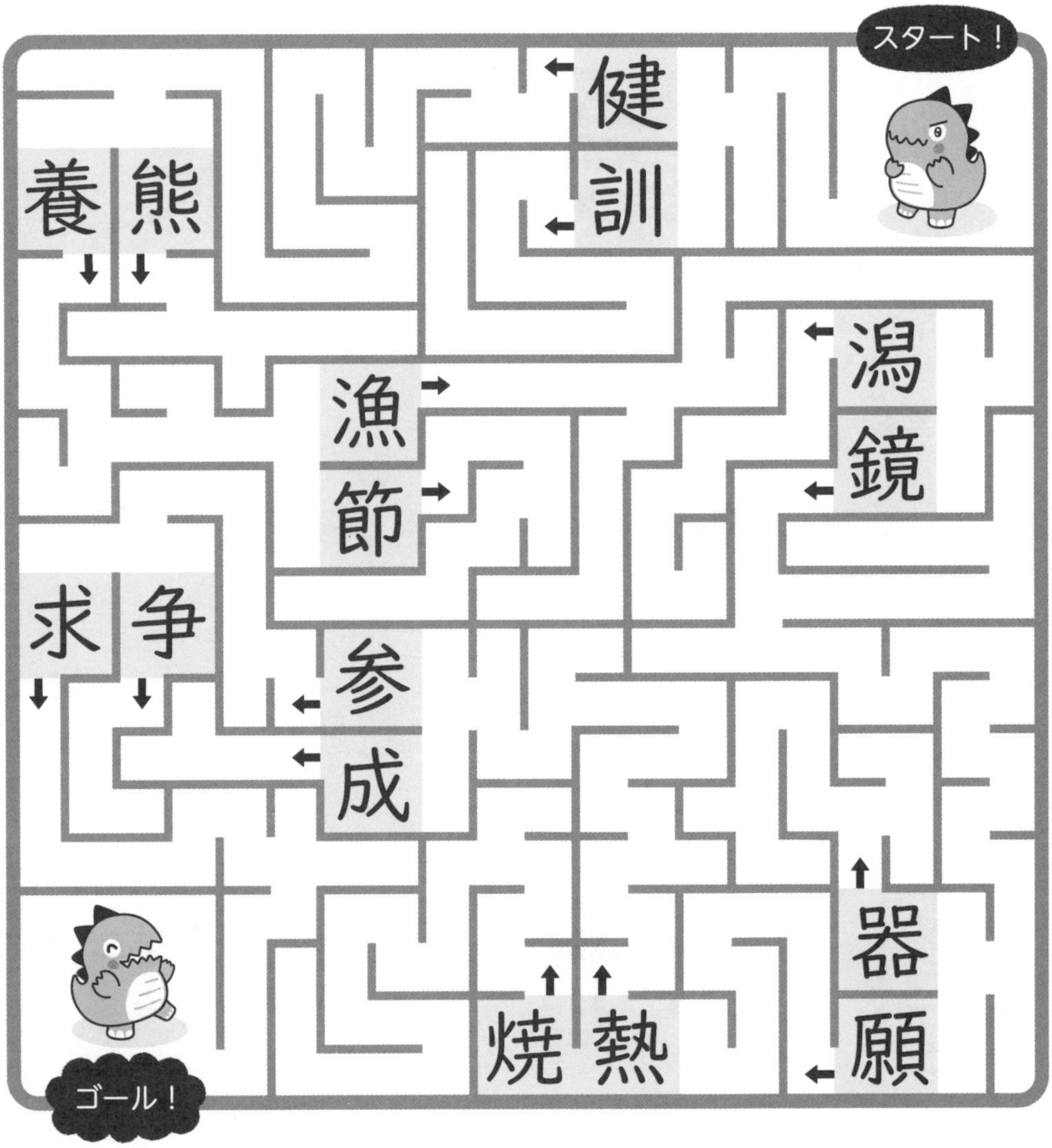

スタート！

健 訓

養 熊

潟 鏡

漁 節

求 争

参 成

器 願

焼 熱

ゴール！

答え

答え：108

読みがなを書こう

22 お酒と食事

① 課題をすませたら、飲みに行こう。
（　　　）

② 低カロリーなおつまみにする。
（　　　）

③ こしを低くして注文を取りに来る。
（　　　）

④ 松たけか。土びんむしにしよう。
（　　　）

⑤ 夕飯の前に、おふろに入ろう。
（　　　）

⑥ 新せんなイカを使ったイカ飯。
（　　　）

⑦ 和食には、冷酒が合う。
（　　　）

⑧ 冷たいグラスに注いで、ゴクリ！
（　　　）

漢字を書こう

22 お酒と食事

① かだいをすませたら、飲みに行こう。

② ていカロリーなおつまみにする。

③ こしをひくくして注文を取りに来る。

④ まつたけか。土びんむしにしよう。

⑤ ゆうはんの前に、おふろに入ろう。

⑥ 新せんなイカを使ったイカめし。

⑦ 和食には、れいしゅが合う。

⑧ つめたいグラスに注いで、ゴクリ！

22 ミニ字典
お酒と食事

音 ショウ
訓 まつ

プラス！
マツタケは赤松の根元に生えるよ。

音 テイ
訓 ひくい

プラス！
最後(さいご)の「一」をわすれないで！

音 カ
訓 ―

プラス！
わりあてという意味。

「松竹梅(しょうちくばい)」とは、昔からめでたいものとされてきた松(まつ)・竹(たけ)・梅(うめ)の三つをならべたもの。本来、順位(じゅんい)はないよ。

音 レイ
訓 さます つめたい ひやす ひや ひやかす

プラス！
部首は「氵」じゃなくて「冫」だよ。

音 ハン
訓 めし

プラス！
ごはん、または食事のこと。米飯・夕飯。

読みがなを書こう

23 大人たちの食たく

① 夕食を共にしよう。（　　）

② ハンバーグの付け合わせと言えば？（　　）

③ 議題は「明日のおつまみ」。（　　）

④ できるだけ栄えている店を選ぶ。（　　）

⑤ 栄養よりも味が大切？（　　）

⑥ 付近の店に買い出しに行くぞ。（　　）

⑦ 共同で調理を行う。（　　）

⑧ 食べすぎない方法はないものか。（　　）

漢字を書こう

23 大人たちの食たく

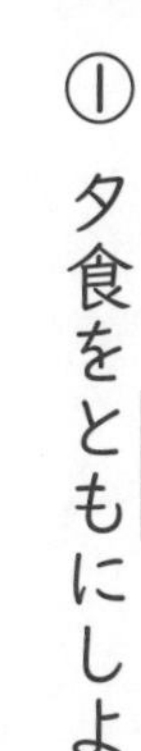

① 夕食をともにしよう。
〔　　　〕

② ハンバーグのつけ合わせと言えば？
〔　　　〕

③ ぎだいは「明日のおつまみ」。
〔　　　〕

④ できるだけさかえている店を選(えら)ぶ。
〔　　　〕

⑤ えいようよりも味が大切？
〔　　　〕

⑥ ふきんの店に買い出しに行くぞ。
〔　　　〕

⑦ きょうどうで調理を行う。
〔　　　〕

⑧ 食べすぎないほうほうはないものか。
〔　　　〕

ミニ字典

23 大人たちの食たく

議

音 ギ

訓 —

プラス！
「話し合う」という意味だよ。

付

音 フ

訓 つく つ**ける**

プラス！
つける、あたえるなどの意味。

共

音 キョウ

訓 とも

プラス！
両手で物をささげる様子を表した字。

みんなの代表として、議会（ぎかい）という場で話し合いをする人を議員というよ。
色んな議会があるけど、国の議会は国会だよ。

法

音 ホウ

訓 —

プラス！
きまり、しきたりの意味。

栄

音 エイ

訓 さか**える**

プラス！
ツ＋冖＋木で、でき上がり！部首は木。

読みがなを書こう

24 楽しいバーベキュー

① えん側から様子を見守る。（　　）

② 協力しないと、すぐこげるよ。（　　）

③ ここら一帯がキャンプ場なんだ。（　　）

④ お肉は側面もよく焼(や)いてね。（　　）

⑤ みんなそろそろ席に着いて。（　　）

⑥ 火に照(て)らされて赤みを帯びたほほ。（　　）

⑦ 周りにもえる物は置(お)いていないね。（　　）

⑧ ソースを一周、回しかける。（　　）

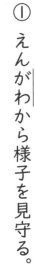

漢字を書こう

24 楽しいバーベキュー

① えんがわから様子を見守る。〔　　〕

② きょうりょくしないと、すぐこげるよ。〔　　〕

③ ここらいったいがキャンプ場なんだ。〔　　〕

④ お肉はそくめんもよく焼(や)いてね。〔　　〕

⑤ みんなそろそろせきに着いて。〔　　〕

⑥ 火に照(て)らされて赤みをおびたほほ。〔　　〕

⑦ まわりにもえる物は置(お)いていないね。〔　　〕

⑧ ソースをいっしゅう、回しかける。〔　　〕

ミニ字典

24 楽しいバーベキュー

音 タイ
訓 おび
お**びる**

プラス！
一帯、温帯、声帯、帯刀、帯グラフ

協

音 キョウ
訓 ―

プラス！
たくさんの力を一つにまとめる意味。

音 ソク
訓 がわ

プラス！
「則」が「ソク」という読みのもとになるよ。

「協」のように、同じ字が三つ集まってできている字は他にもある。小学校で習うのは「森」「品」など。

音 シュウ
訓 まわ**り**

プラス！
中の部分は士じゃなくて土だよ。

音 セキ
訓 ―

プラス！
部首はまだれではなく、はば（巾）。

25 読みがなを書こう ホームパーティー

① 初めて計画するので楽しみだ。
（　　　）

② 上司も部下もまねく。
（　　　）

③ 成しとげたことをみんなで祝(いわ)う会。
（　　　）

④ 功労(あ)をたたえる副社(い)長。
あ（　　　）　い（　　　）

⑤ 副菜はシーザーサラダだ。
（　　　）

⑥ パーティーの司会をつとめた。
（　　　）

⑦ 最初にかんぱいをしよう。
（　　　）

⑧ パーティーは大成功だった。
（　　　）

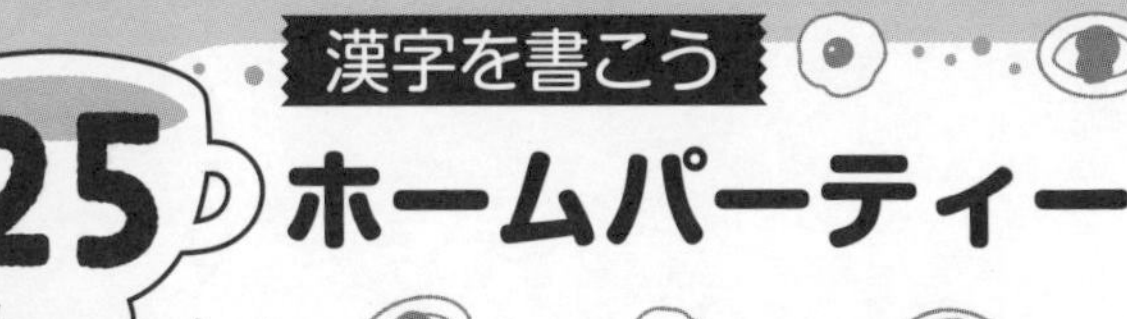

25 ホームパーティー

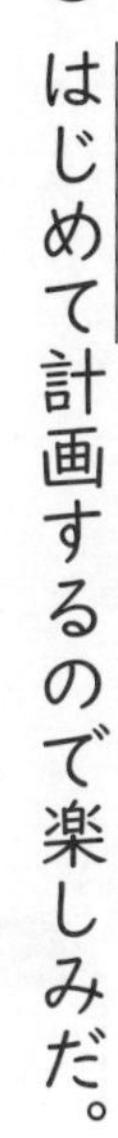

① はじめて計画するので楽しみだ。

② じょうしも部下もまねく。

③ なしとげたことをみんなで祝（いわ）う会。

④ ㋐こうろうをたたえる㋑ふく社長。

㋐〔　　〕 ㋑〔　　〕

⑤ ふくさいはシーザーサラダだ。

⑥ パーティーのしかいをつとめた。

⑦ さいしょにかんぱいをしよう。

⑧ パーティーはだいせいこうだった。

ミニ字典

25 ホームパーティー

成

音 セイ

訓 な**す** な**る**

プラス！

部首はほこがまえ（戈）。

司

音 シ

訓 —

プラス！

役目をになう、取り仕切る人のこと。

初

音 ショ

訓 はじ**めて** はじめ はつ

プラス！

部首はころもへん（ネ）だよ！

ころもへん（ネ）の書き順（じゅん）は、「衣」と同じと覚（おぼ）えよう。「ネ」書いてから点を書くのではないよ！

副

音 フク

訓 —

プラス！

主なもののつきそいの意味。

功

音 コウ

訓 —

プラス！

右側（みぎがわ）は刀じゃなくて力だよ！

読みがなを書こう

26 コンビニエンスストアにて

① 改札口の横にあるコンビニ。（　　）

② ホットスナックの機械がこしょう中。（　　）

③ 改めて店内を見て回る。（　　）

④ 良さそうな商品がたくさんある。（　　）

⑤ ね札を見て、買うかどうかまよう。（　　）

⑥ 千円札を何まいか用意する。（　　）

⑦ 良心にしたがって順番（じゅんばん）を守る。（　　）

⑧ 新しいスイーツに出会う良（よ）い機会だ。（　　）

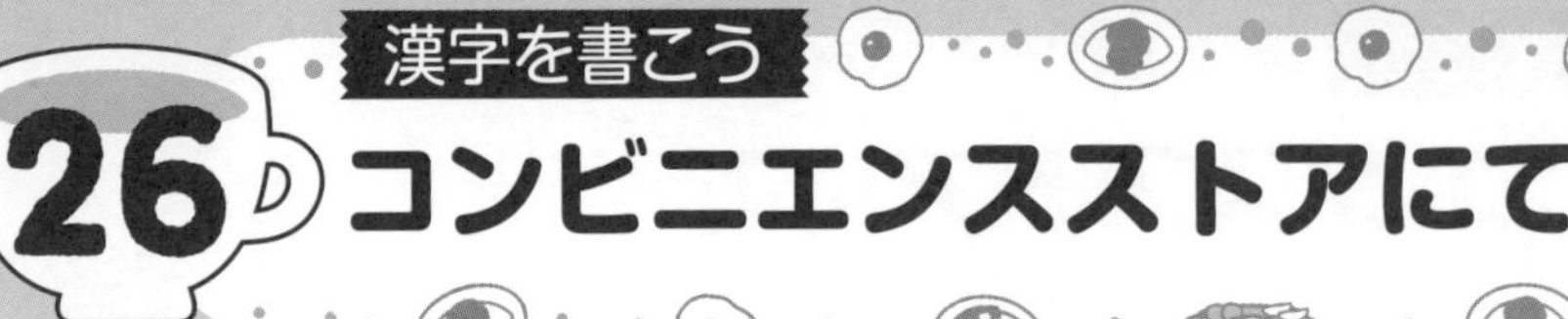

26 コンビニエンスストアにて

① かいさつぐちの横にあるコンビニ。〔　　〕

② ホットスナックのきかいがこしょう中。〔　　〕

③ あらためて店内を見て回る。〔　　〕

④ よさそうな商品がたくさんある。〔　　〕

⑤ ねふだを見て、買うかどうかまよう。〔　　〕

⑥ せんえんさつを何まいか用意する。〔　　〕

⑦ りょうしんにしたがって順番（じゅんばん）を守る。〔　　〕

⑧ 新しいスイーツに出会う良（よ）いきかいだ。〔　　〕

ミニ字典

26 コンビニエンスストアにて

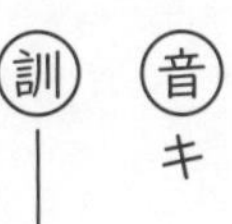

音 キ
訓 ―

プラス！
元はぬのをおる機械を意味する字。

音 サツ
訓 ふだ

プラス！
元々は紙ではなく木でできていたよ。

音 カイ
訓 あらたまる あらためる

プラス！
心を入れかえることを「改心する」という。

「改札（かいさつ）」とは「札（ふだ）を改（あらた）めるところ」。昔は改札口に駅員さんがいて、きっぷにはさみを入れてかくにんしていたんだよ。

音 リョウ
訓 よい

プラス！
「良人」と書いて、「おっと」と読むよ。

音 カイ
訓 ―

プラス！
悪いことをした人にはめる器具（きぐ）が由来。

読みがなを書こう

27 やってみたいな飲食店

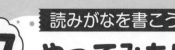

① チラシを印刷してもらう。（　　）

② 単品メニューをじゅう実させる。（　　）

③ 牧場からミルクがとどいた。（　　）

④ 輪になって新メニューの相談をする。（　　）

⑤ 刷り上がったチラシを配って回ろう。（　　）

⑥ ひみつのスパイスを加えて仕上げる。（　　）

⑦ 追加で注文が次々に入る。（　　）

⑧ 料理（りょうり）に一輪の花をそえる。（　　）

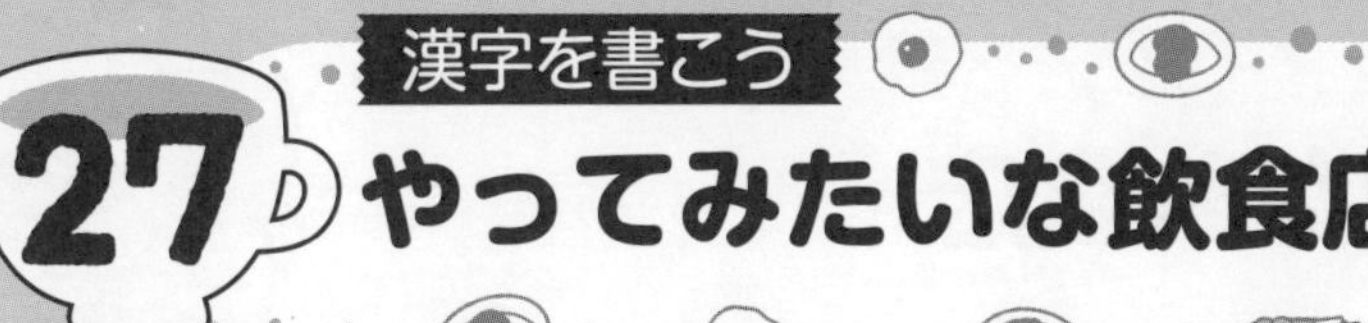

漢字を書こう

27 やってみたいな飲食店

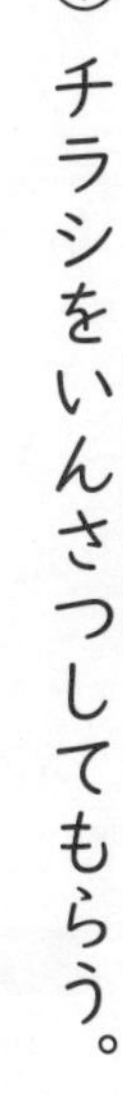

① チラシをいんさつしてもらう。〔　　〕

② たんぴんメニューをじゅう実させる。〔　　〕

③ ぼくじょうからミルクがとどいた。〔　　〕

④ わになって新メニューの相談をする。〔　　〕

⑤ すり上がったチラシを配って回ろう。〔　　〕

⑥ ひみつのスパイスをくわえて仕上げる。〔　　〕

⑦ ついかで注文が次々に入る。〔　　〕

⑧ 料理（りょうり）にいちりんの花をそえる。〔　　〕

ミニ字典

27 やってみたいな飲食店

牧

音 ボク

訓 ―

プラス！

部首はうしへん（牛）。牧場には牛がいるよね。

単

音 タン

訓 ―

プラス！

単位(たんい)、単子、単数、単なる

刷

音 サツ

訓 す**る**

プラス！

悪い点を改(あらた)め、新しくすることを刷新という。

たし算は「加算(かさん)」、ひき算は「減算(げんざん)」、かけ算は「乗算(じょうざん)」、わり算は「除算(じょざん)」とも言うんだ。

加

音 カ

訓 くわ**える**　くわ**わる**

プラス！

数を加える、たすという意味。

輪

音 リン

訓 わ

プラス！

丸いから、花の数え方は一輪、二輪。

28 読みがなを書こう

グルメツアーにGO！

① すばらしい景観のカフェ。（　　）

② 連なる山々をのぞむテラス。（　　）

③ 南極のき地にも食どうがある。（　　）

④ 飛行機（あ）の機内食（い）。　あ（　　）　い（　　）

⑤ 景色が良（よ）い場所だとおいしく感じる。（　　）

⑥ 三ばい連続でおかわりする。（　　）

⑦ 家族を連れて、飲食店をさがす。（　　）

⑧ 水面近くを飛ぶトビウオの群（む）れ。（　　）

28 グルメツアーにGO！

① すばらしいけいかんのカフェ。〔　〕

② つらなる山々をのぞむテラス。〔　〕

③ なんきょくのき地にも食どうがある。〔　〕

④ ひこうきのきないしょく。 あ〔　〕 い〔　〕

⑤ けしきが良い場所だとおいしく感じる。〔　〕

⑥ 三ばいれんぞくでおかわりする。〔　〕

⑦ 家族をつれて、飲食店をさがす。〔　〕

⑧ 水面近くをとぶトビウオの群れ。〔　〕

ミニ字典

グルメツアーにGO！

音 レン
訓 つらなる つらねる つれる

プラス！
詩の一まとまりを「連」というよ。

音 カン
訓 ―

プラス！
よく見る、広く見わたすという意味。

音 ケイ
訓 ―

プラス！
日書いて、京を書く。日を小さめに書こう。

「観」という字を他の言葉の後につけると、考え方、ものの見方という意味になる。人生観、世界観、先入観など。

飛

音 ヒ
訓 とぶ とばす

プラス！
鳥が羽で飛んでいる形を表す。

極

音 キョク
訓 ―

プラス！
南極・北極は、どちらもとても寒い！

おまけ 読むのがむずかしい地名

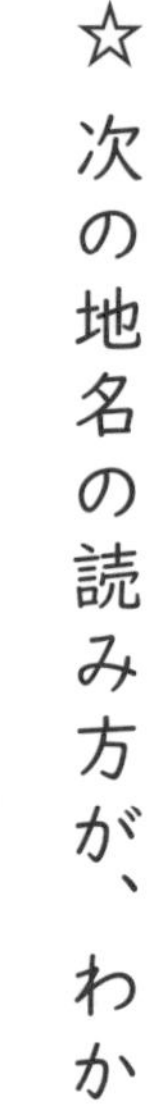

☆次の地名の読み方が、わかるかな？

①札幌市（　　　　）
北海道。みそラーメンが有名だね。

②讃岐（　　　　）
香川（かがわ）県の昔の言い方。うどんといえば……。

③十三（　　　　）
大阪府（おおさかふ）。じゅうさん、じゃないよ。

④那覇市（　　　　）
沖縄（おきなわ）県。パイナップルにサトウキビ！

⑤武生市（　　　　）
福井（ふくい）県。越前（えちぜん）そばがおいしいよ。

⑥廿日市市（　　　　）
広島県は、牡蠣（かき）の産地（さんち）だね。

⑦小豆島（　　　　）
香川県。オリーブの生産がさかん！

⑧出雲市（　　　　）
島根県。こっちのそばも、有名だよ！

答え：①さっぽろ　②さぬき　③じゅうそう　④なは　⑤たけふ　⑥はつかいち　⑦しょうどしま　⑧いずも

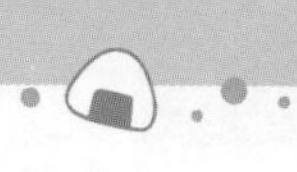

読みがなを書こう

29 食の安全を守る

① 温度管理は万全です。（　　）

② 食品工場の管も一本ずつあらう。（　　）

③ 人体には無害なてん加物。（　　）

④ 食物アレルギーは無いかたずねる。（　　）

⑤ 害虫くじょを業者にたのむ。（　　）

⑥ 食中どくの兆候が見られる。（　　）

⑦ 本を参考にして消どくする。（　　）

⑧ 何かあればすぐに参ります。（　　）

漢字を書こう

29 食の安全を守る

① 温度かんりは万全です。〔　　〕

② 食品工場のくだもも一本ずつあらう。〔　　〕

③ 人体にむがいなてん加物。〔　　〕

④ 食物アレルギーはないかたずねる。〔　　〕

⑤ がいちゅうくじょを業者にたのむ。〔　　〕

⑥ 食中どくのちょうこうが見られる。〔　　〕

⑦ 本をさんこうにして消どくする。〔　　〕

⑧ 何かあればすぐにまいります。〔　　〕

29 食の安全を守る

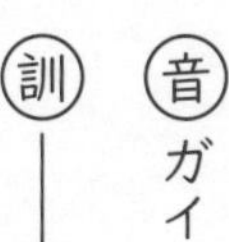

音 ガイ
訓 ―

プラス！
きずつける、こわすという意味。

音 ム・ブ
訓 な**い**

プラス！
真ん中のたてぼうは四本だよ。

音 カン
訓 くだ

プラス！
竹の細いくだ、転じて竹の笛のこと。

三を参（さん）と書くような書き方は「大字（だいじ）」と言って、他の数にもあるよ。
一＝壱（いち）、二＝弐（に）、十＝拾（じゅう）、万＝萬（まん） など。

音 サン
訓 まい**る**

プラス！
「三」を、この字を使って書くこともあるよ。

音 チョウ
訓 ―

プラス！
一億（いちおく）が一万こ集まると、一兆。

読みがなを書こう

30 食へのこだわり

① 井戸の水は冷(つめ)たくておいしい。
（　　）

② きびしい訓練で上達(じょうたつ)する。
（　　）

③ 何億円(あ)と積(い)まれても、この味はゆずらないという家訓(う)がある。
あ（　　）
い（　　）
う（　　）

④ 積年の思いがかなう日が来た。
（　　）

⑤ この地を治める大名の好物(こうぶつ)だ。
（　　）

⑥ 治りょう中でも食べたい！
（　　）

⑦ 病気が治るまでは宿にとどまる。
（　　）

漢字を書こう

30 食へのこだわり

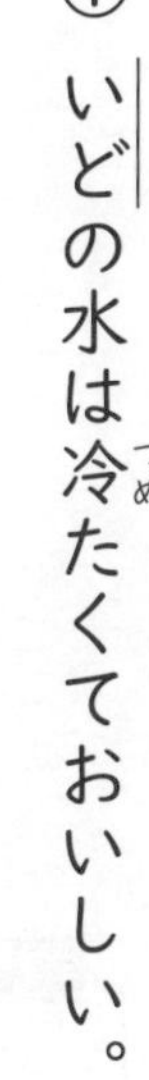

① いどの水は冷（つめ）たくておいしい。
〔　　〕

② きびしいくんれんで上達（じょうたつ）する。
〔　　〕

③ ㋐なんおく円と㋑つまれても、この味はゆずらないという㋒かくんがある。
㋐〔　　〕 ㋑〔　　〕 ㋒〔　　〕

④ せきねんの思いがかなう日が来た。
〔　　〕

⑤ この地をおさめる大名の好物（こうぶつ）だ。
〔　　〕

⑥ ちりょう中でも食べたい！
〔　　〕

⑦ 病気がなおるまでは宿にとどまる。
〔　　〕

ミニ字典

30 食へのこだわり

音 オク
訓 ―

プラス！
「億万長者」の長者＝お金持ち。

音 クン
訓 ―

プラス！
訓読みとは、日本で生まれた読み方。

音 ―
訓 い

プラス！
四角いわくの形で井戸を表すよ。

音 ジ・チ
訓 おさ**める** おさ**まる** なお**る** なお**す**

プラス！
おさめる、なおすという意味。

音 セキ
訓 つ**む** つ**もる**

プラス！
これ一字でかけ算の答えを意味する。

「億(おく)」「兆(ちょう)」のように大きな数を表す漢字は、まだたくさんあるよ。「京(けい)」は一兆の一万倍、「垓(がい)」は一京の一万倍！

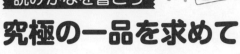

読みがなを書こう

究極の一品を求めて

①未知の食材をさがす旅。

②料理の道を追求する。

③求め続けるからこそ、手に入る。

④失敗は反省し、味を改良しよう。

⑤不要な作業は省くべきだ。

⑥料理人が足りず、求人を出す。

⑦一つでも欠けるとおいしくなくなる。

⑧見た目が地味なのが欠点だ。

31 究極の一品を求めて

① みちの食材(しょくざい)をさがす旅。〔　　〕

② 料理(りょうり)の道をついきゅうする。〔　　〕

③ もとめ続(つづ)けるからこそ、手に入る。〔　　〕

④ 失敗(しっぱい)ははんせいし、味を改良(かいりょう)しよう。〔　　〕

⑤ 不要(ふよう)な作業は、はぶくべきだ。〔　　〕

⑥ 料理人が足りず、きゅうじんを出す。〔　　〕

⑦ 一つでもかけると、おいしくなくなる。〔　　〕

⑧ 見た目が地味なのがけってんだ。〔　　〕

ミニ字典

31 究極の一品を求めて

「欠」という字は、部首になると「あくび」という名前になるんだ。
ちなみにあくびを漢字で書くと「欠伸」だよ。

求
音 キュウ
訓 もとめる

プラス!
部首は水だよ。どこにあるかな？

未
音 ミ
訓 ―

プラス!
一画目を二画目より短く書くよ。気をつけてね。

欠
音 ケツ
訓 かく　かける

プラス!
かける、休むという意味。

省
音 ショウ　セイ
訓 はぶく

プラス!
自分をふり返ること。反省・自省・省察（しょうさつ）など。

読みがなを書こう

32 見習いコックの悲運

① 心が折れそうになるときもある。（　　）

② 努めて明るく食事をふるまう。（　　）

③ 料理(りょうり)辞典をまくらに一休み。（　　）

④ 式典の給仕(きゅうじ)をまかされる。（　　）

⑤ 折角用意した料理も、食べ残(のこ)し。（　　）

⑥ 重ねた努力(あ)は徒労(い)だったと知る。
あ（　　）
い（　　）

⑦ 折を見て店長に声をかける。（　　）

⑧ 辞表を出して、店を去る。（　　）

漢字を書こう

32 見習いコックの悲運

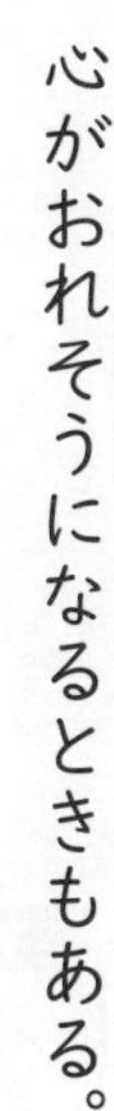

① 心がおれそうになるときもある。〔　　〕

② つとめて明るく食事をふるまう。〔　　〕

③ 料理(りょうり)じてんをまくらに一休み。〔　　〕

④ しきてんの給仕(きゅうじ)をまかされる。〔　　〕

⑤ せっかく用意した料理も、食べ残(のこ)し。〔　　〕

⑥ 重ねたどりょく(あ)はとろう(い)だったと知る。ⓐ〔　　〕 ⓘ〔　　〕

⑦ おりを見て店長に声をかける。〔　　〕

⑧ じひょうを出して、店を去る。〔　　〕

ミニ字典

32 見習いコックの悲運

典

音 テン

訓 ―

プラス！

書物という意味。教典・事典・楽典など。

努

音 ド

訓 つと**める**

プラス！

努力の努。つとめる、はげむという意味。

折

音 セツ

訓 お**る** おり お**れる**

プラス！

板で作った箱という意味もある。

「辞典（じてん）」と「事典（じてん）」と「字典（じてん）」、読み方は同じだけど意味が少しちがう。辞典は言葉や文字についてくわしく書かれているんだ。

辞

音 ジ

訓 ―

プラス！

言葉という意味がある。辞書・式辞など。

徒

音 ト

訓 ―

プラス！

むだな苦労（くろう）のことを「徒労」という。

読みがなを書こう

33 食生活をささえる人たち ①

① 昨日から牛たちの元気が無(な)い。

（　　）

② 日照時間が決め手の作物。

（　　）

③ 話し合いの末に、協力(きょうりょく)した。

（　　）

④ くらしが苦しい農民。

（　　）

⑤ 陸路で運ぶか、船にするか。

（　　）

⑥ 昨年よりもたくさん実ったな。

（　　）

⑦ きびしい日照りで、作物がかれる。

（　　）

⑧ 月末には出荷できそうだ。

（　　）

漢字を書こう

33 食生活をささえる人たち ①

① きのうから牛たちの元気が無(な)い。

「さくじつ」とも読むよ

②にっしょう時間が決め手の作物。

③話し合いのすえに、協力(きょうりょく)した。

④くらしが苦しいのうみん。

⑤りくろで運ぶか、船にするか。

⑥さくねんよりもたくさん実ったな。

⑦きびしいひでりで、作物がかれる。

⑧げつまつには出荷できそうだ。

ミニ字典

33 食生活をささえる人たち ①

訓 すえ
音 マツ

プラス！
一画目の横画を長く書こうね。

訓 て**らす** て**る** て**れる**
音 ショウ

プラス！
上の部分は、昭和の昭だね。

訓 ―
音 サク

プラス！
昨日（きのう）、一昨日（おととい）など。

おみくじを引いて末吉（すえきち）が出るとちょっとがっかり…。他には大吉・中吉・小吉・吉・凶（きょう）・大凶が出るよ。

訓 ―
音 リク

プラス！
「六」を表すときに使うことがあるよ。

訓 ―
音 ミン

プラス！
部首は「氏」。よく見るとかくれているね。

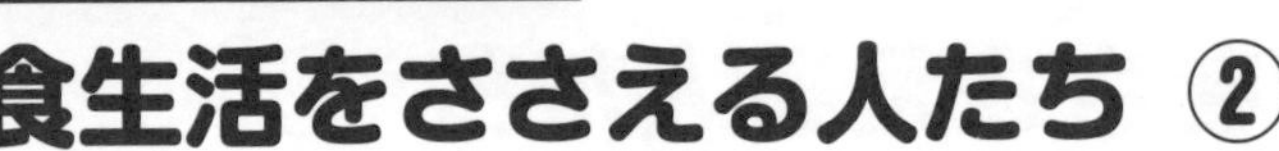

読みがなを書こう

34 食生活をささえる人たち ②

① 肉が固いとクレームが入る。（　　）

② 電話口で必死（ひっし）に説明する。（　　）

③ 空調を完全にコントロールする。（　　）

④ 固定観念（かんねん）にしばられず行動する。（　　）

⑤ 貨物列車に米や麦を積（つ）みこむ。（　　）

⑥ 食の安全について分かりやすく説く。（　　）

⑦ 未完の配管（はいかん）工事を手伝（てつだ）う。（　　）

⑧ こう貨を数えるレジの人。（　　）

漢字を書こう

34 食生活をささえる人たち ②

① 肉がかたいとクレームが入る。

② 電話口で必死（ひっし）にせつめいする。

③ 空調をかんぜんにコントロールする。

④ こてい観念（かんねん）にしばられず行動する。

⑤ かもつ列車に米や麦を積（つ）みこむ。

⑥ 食の安全について分かりやすくとく。

⑦ みかんの配管（はいかん）工事を手伝（てつだ）う。

⑧ こうかを数えるレジの人。

ミニ字典

食生活をささえる人たち ②

お金や大切なものに関する字には、「貝」が入っていることが多いよ。昔、貝がらがお金の代わりに使われていたことが関係しているんだ。

音 セツ
訓 とく

相手によく分かるように伝えること。

音 コ
訓 かたい かたまる かためる

プラス！

「古くなると固くなる」と覚えよう。

音 カ
訓 ―

たから、お金などの意味だよ。

音 カン
訓 ―

欠けたところがないこと。

35 読みがなを書こう キッチン用品をそろえよう

① はかりで、きっちりと重さを量る。（　　）

② 半径がことなる皿を重ねる。（　　）

③ 静かに乗せないとわれてしまうよ！（　　）

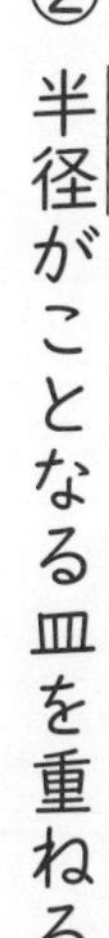

④ 分量がはかりやすいさじ。（　　）

⑤ 直径三十センチ以上（いじょう）のなべ。（　　）

⑥ 冷静に小さじ四はい分数える。（　　）

⑦ 便利な調理器具（きぐ）が出てきたなあ。（　　）

⑧ ガスもれを察知するけいほう機（き）。（　　）

35 キッチン用品をそろえよう

① はかりで、きっちりと重さをはかる。〔　〕

② はんけいがことなる皿を重ねる。〔　〕

③ しずかに乗せないとわれてしまうよ!〔　〕

④ ぶんりょうがはかりやすいさじ。〔　〕

⑤ ちょっけい三十センチ以上（いじょう）のなべ。〔　〕

⑥ れいせいに小さじ四はい分数える。〔　〕

⑦ べんりな調理器具（きぐ）が出てきたなあ。〔　〕

⑧ ガスもれをさっちするけいほう機（き）。〔　〕

ミニ字典

キッチン用品をそろえよう

静

音 セイ

訓 しず しずか しずまる しずめる

プラス！

安静、静音、静観（せいかん）、静止、静養（せいよう）、冷静（れいせい）

径

音 ケイ

訓 —

プラス！

「こみち」という意味があるよ。

量

音 リョウ

訓 はかる

プラス！

かさや重さをはかるの「量る」だよ。

算数の円の学習で、半径（はんけい）・直径という言葉を習うね。他にも、つつの内側（うちがわ）の直径を内径、外側の直径を外径というよ。

察

音 サツ

訓 —

プラス！

よく見る、くわしく調べるという意味。

利

音 リ

訓 —

プラス！

頭の回転がはやい人を利口、利発という。

読みがなを書こう

36 年末年始のすごし方

① 例年通りの味の年こしそば。

② 実家からもちの差し入れ。

③ 新年のあいさつのメールを受信。

④ 年賀じょうに、鏡(かがみ)もちの絵。

⑤ 信じられないほどごうかなおせち。

⑥ 地いき差のあるおぞうに。

⑦ 「例えば、すき焼(や)きなんてどう？」

⑧ お肉の包(つつ)みにまで、賀正の文字が。

漢字を書こう

36 年末年始のすごし方

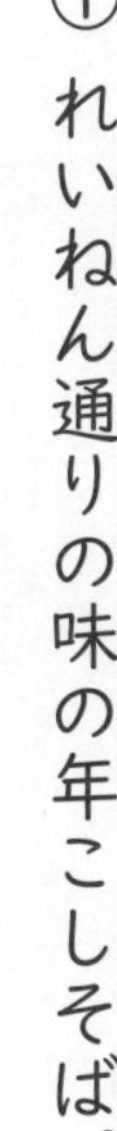

① れいねん通りの味の年こしそば。

② 実家からもちのさし入れ。

③ 新年のあいさつのメールをじゅしん。

④ ねんがじょうに、鏡もちの絵。

⑤ しんじられないほどごうかなおせち。

⑥ 地いきさのあるおぞうに。

⑦ 「たとえば、すき焼きなんてどう?」

⑧ お肉の包みにまで、がしょうの文字が。

ミニ字典

36 年末年始のすごし方

「信州」というと長野県のこと。
これは、長野県が昔「信濃の国」だったことから来ているんだ。
都道府県の名前を覚えるのとあわせて、昔の国の名前を調べてみると、おもしろいよ！

例

音 レイ
訓 たと**える**

プラス！
イ＋列。右はしはりっとう（刂）。

差

音 サ
訓 さ**す**

プラス！
日が差す、かさを差すなどで使うよ。

賀

音 ガ
訓 ―

プラス！
賀正とは、新年を祝うこと。

信

音 シン
訓 ―

プラス！
「たより」という意味もあるんだよ。

読みがなを書こう

37 ご当地ラーメン、どれが好き？

① ご当地ラーメンそう選挙。（　　）

② あ気位が高いシェフのい一票。あ（　　）い（　　）

③ 地いきの食材（しょくざい）と結びついている。（　　）

④ 町を挙げてのおうえん合戦（がっせん）。（　　）

⑤ ドキドキして挙動があやしい。（　　）

⑥ あ投票のい結果が出る。あ（　　）い（　　）

⑦ 京都府のラーメンは意外とこってり。（　　）

⑧ 一位に選（えら）ばれて大はんじょう！（　　）

37 ご当地ラーメン、どれが好き？

① ご当地ラーメンのそうせんきょ。

〔　　〕

② きぐらい(あ)が高いシェフのいっぴょう(い)。

あ〔　　〕　い〔　　〕

③ 地いきの食材(しょくざい)とむすびついている。

〔　　〕

④ 町をあげてのおうえん合戦(がっせん)。

〔　　〕

⑤ ドキドキして、きょどうがあやしい。

〔　　〕

⑥ とうひょう(あ)のけっか(い)が出る。

あ〔　　〕　い〔　　〕

⑦ 京都ふのラーメンは意外とこってり。

〔　　〕

⑧ いちいに選(えら)ばれて大はんじょう！

〔　　〕

ミニ字典

ご当地ラーメン、どれが好き？

位

音 イ

訓 くらい

プラス！

位置、位相、順位、方位、水位、単位

票

音 ヒョウ

訓 ―

プラス！

ひらひらした札を表す字だよ。

挙

音 キョ

訓 あげる あがる

プラス！

「挙手」とは、手を挙げること。

府の一部である「付」が、音読みの元になっているんだ。このように、「意味を表す部分」と「音を表す部分」を組み合わせて作られた文字を形成文字というよ。

府

音 フ

訓 ―

プラス！

京都府と大阪府の二つの「府」。

結

音 ケツ

訓 むすぶ

プラス！

完結、帰結、結合、結びの一番

読みがなを書こう

日本全国のおいしいもの ①

① 新潟県は、有名な米どころさ。（　　）

② 栃木県は、イチゴが有名だっぺ。（　　）

③ ほしいもは、茨城県の名産品（めいさんひん）だ。（　　）

④ 富山わんのほう石、白エビやちゃ。（　　）

⑤ 水産（すいさん）しげんがほう富な日本海。（　　）

⑥ ひ潟でとれる、ワラスボのひ物。（　　）

⑦ 埼玉県の草加（そうか）せんべい。（　　）

⑧ 栃の実で作るおもちも、おいしい！（　　）

漢字を書こう

38 日本全国のおいしいもの ①

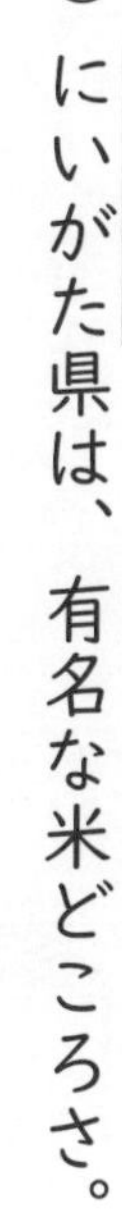

① にいがた県は、有名な米どころさ。〔　　〕

② とちぎ県は、イチゴが有名だっぺ。〔　　〕

③ ほしいもは、いばらき県の名産品(めいさんひん)だ。〔　　〕

④ とやまわんのほう石、白エビやちゃ。〔　　〕

⑤ 水産(すいさん)しげんがほうふな日本海。〔　　〕

⑥ ひがたでとれる、ワラスボのひ物。〔　　〕

⑦ さいたま県の草加(そうか)せんべい。〔　　〕

⑧ とちの実で作るおもちも、おいしい！〔　　〕

ミニ字典

38 日本全国のおいしいもの ①

音 ―
訓 いばら

プラス！
「いばら」は、とげのある植物のこと。

音 ―
訓 とち

プラス！
『モチモチの木』は栃の木だよ。

音 ―
訓 かた がた*

プラス！
海にかくれたり、海から出たりする場所がひ潟。

潟の右上の部分は「臼（うす）」という字なんだ。ノ＋ト＋ヨと覚（おぼ）えると、書き順（じゅん）も覚えやすいよ。

音 ―
訓 さい

プラス！
「りくが海につき出たところ」を表すよ。

音 フ
訓 とみ と**む**

プラス！
お金などの、かちがあるものを表す。

読みがなを書こう

39 日本全国のおいしいもの ②

①愛知県の、モーニングセット。

（　　）

②ひだ牛は、岐阜県がほこる特産品（とくさんひん）。

（　　）

③きびだんごは岡山県生まれじゃ。

（　　）

④静岡おでんは、みそ味だに。

（　　）

⑤酒かすにつけて作る、奈良づけ。

（　　）

⑥香川（かがわ）県で愛される、さぬきうどん。

（　　）

⑦神奈川県の中か街（がい）で食べ歩き。

（　　）

⑧岐阜県の五平もちやお。

（　　）

漢字を書こう

39 日本全国のおいしいもの ②

① あいち県の、モーニングセット。〔　〕

② ひだ牛は、ぎふ県がほこる特産品（とくさんひん）。〔　〕

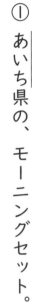

③ きびだんごはおかやま県生まれじゃ。〔　〕

④ しずおかおでんは、みそ味だに。〔　〕

⑤ 酒かすにつけて作る、ならづけ。〔　〕

⑥ 香川（かがわ）県であいされる、さぬきうどん。〔　〕

⑦ かながわ県の中か街（がい）で食べ歩き。〔　〕

⑧ ぎふ県の五平もちやお。〔　〕

39 日本全国のおいしいもの ②

訓 ―
音 フ

プラス！
「積(つ)み上げた土の山」を表しているよ。

訓 ―
音 キ ギ*

プラス！
岐路、分岐点など、分かれ道を表す。

訓 ―
音 アイ

プラス！
愛媛(えひめ)県の「え」は、特別(とくべつ)な読み方。

奈

訓 ―
音 ナ

プラス！
奈落とは、地ごくや物事のどん底(そこ)のこと。

訓 おか
音 ―

プラス！
「岡」がつく県は三つ。わかるかな？

都道府県(とどうふけん)名には全て由来がある。愛媛(えひめ)県は「古事記(こじき)」という古い本に書かれていた「愛比売(えひめ)」という地名が転じて、「愛媛」になったという説(せつ)があるよ。

読みがなを書こう

40 日本全国のおいしいもの ③

① たこ焼(や)きは、やっぱり大阪やで。（　　）

② 滋賀県のきょうど料理(りょうり)、ふなずし。（　　）

③ すだちが名産(めいさん)、徳島県！（　　）

④ 愛媛県のみかんジュースやけん！（　　）

⑤ 野菜(やさい)がたっぷり、長崎ちゃんぽん。（　　）

⑥ 京都の滋味ゆたかな和食どす。（　　）

栄養(えいよう)があって、おいしいこと

⑦ お徳用の北海道産ホタテ。（　　）

⑧ 長崎県のカステラたい。（　　）

漢字を書こう

40 日本全国のおいしいもの ③

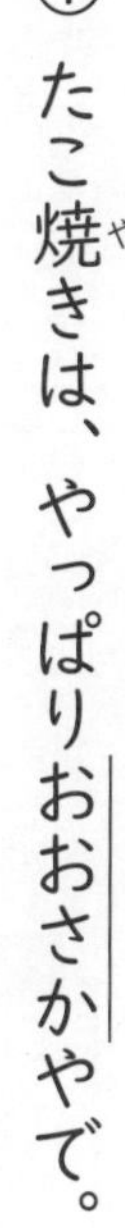

① たこ焼き（や）は、やっぱりおおさかやで。

〔　　〕

② しが県のきょうど料理（りょうり）、ふなずし。

〔　　〕

③ すだちが名産（めいさん）、とくしま県！

〔　　〕

④ えひめ県のみかんジュースやけん！

〔　　〕

⑤ 野菜（やさい）がたっぷり、ながさきちゃんぽん。

〔　　〕

⑥ 京都のじみゆたかな和食どす。

栄養（えいよう）があって、おいしいこと

〔　　〕

⑦ おとくようの北海道産ホタテ。

〔　　〕

⑧ ながさき県のカステラたい。

〔　　〕

ミニ字典

40 日本全国のおいしいもの ③

徳

音 トク
訓 ―

プラス！
りっぱな行いのこと。人徳、美徳、徳育。

滋

音 ジ シ*
訓 ―

プラス！
草木がしげり育つ、うるおすという意味。

阪

音 ハン
訓 さか

プラス！
大阪は、昔は「大坂」だった。

習った漢字がふえてくると、読みが同じでまよう字も出てくるね。徳（とく）と特（とく）と得（とく）も、それぞれ意味がちがうよ。意味も覚（おぼ）えよう！

崎

音 ―
訓 さき

プラス！
「埼」と意味はほとんど同じ。

媛

音 ―
訓 ひめ*

プラス！
おひめ様とほとんど同じ意味。

読みがなを書こう

日本全国のおいしいもの ④

① 沖縄県なら、ソーキそばさぁ。（　　）

② 鹿児島県は、黒ぶたの一大生産地（せいさんち）。（　　）

③ 児童に人気のパイナップル。（　　）

④ つったイカで、沖づけをつくろう。（　　）

⑤ 佐賀県の、有明海（ありあけかい）のムツゴロウ。（　　）

⑥ 横浜市（よこはまし）にある、ラーメン博物館。（　　）

⑦ アユは縄ばり意しきが強い。（　　）

⑧ 博多ラーメンは、めんがとても細い。（　　）

41 日本全国のおいしいもの ④

① おきなわ県なら、ソーキそばさぁ。〔　〕

② かごしま県は、黒ぶたの一大生産地（せいさんち）。〔　〕

③ じどうに人気のパイナップル。〔　〕

④ つったイカで、おきづけを作ろう。〔　〕

⑤ さが県の、有明海（ありあけかい）のムツゴロウ。〔　〕

⑥ 横浜市（よこはまし）にある、ラーメンはくぶつかん。〔　〕

⑦ アユはなわばり意しきが強い。〔　〕

⑧ はかたラーメンは、めんがとても細い。〔　〕

41 ミニ字典 日本全国のおいしいもの ④

訓 —
音 ジ

プラス！
元の形は「兒」で、男の子という意味だよ。

訓 なわ
音 —

プラス！
糸をより合わせて作るのが縄だよ。

訓 おき
音 —

プラス！
陸(りく)から遠くはなれた海のことだよ。

都道府県(とどうふけん)名に使われる漢字には、以(い)前(ぜん)は小学校で習わない字もあるよ。むずかしい字も多いけど、がんばろうね！

訓 —
音 ハク

プラス！
博士は「はくし」とも「はかせ」とも読む。

訓 —
音 サ

プラス！
佐賀(さが)県は、のりの生産(せいさん)日本一！

学力の基礎をきたえどの子も伸ばす研究会

HPアドレス　http://gakuryoku.info/

常任委員長　岸本ひとみ
事務局　〒675-0032 加古川市加古川町備後178-1-2-102 岸本ひとみ方　☎・Fax 0794-26-5133

① めざすもの

私たちは、すべての子どもたちが、日本国憲法と子どもの権利条約の精神に基づき、確かな学力の形成を通して豊かな人格の発達が保障され、民主平和の日本の主権者として成長することを願っています。しかし、発達の基盤ともいうべき学力の基礎を鍛えられないまま落ちこぼれている子どもたちが普遍化し、「荒れ」の情況があちこちで出てきています。

私たちは、「見える学力、見えない学力」を共に養うこと、すなわち、基礎の学習をやり遂げさせることと、読書やいろいろな体験を積むことを通して、子どもたちが「自信と誇りとやる気」を持てるようになると考えています。

私たちは、人格の発達が歪められている情況の中で、それを克服し、子どもたちが豊かに成長するような実践に挑戦します。

そのために、つぎのような研究と活動を進めていきます。

① 「読み・書き・計算」を基軸とした学力の基礎をきたえる実践の創造と普及。
② 豊かで確かな学力づくりと子どもを励ます指導と評価の探究。
③ 特別な力量や経験がなくても、その気になれば「いつでも・どこでも・だれでも」ができる実践の普及。
④ 子どもの発達を軸とした父母・国民・他の民間教育団体との協力、共同。

私たちの実践が、大多数の教職員や父母・国民の方々に支持され、大きな教育運動になるよう地道な努力を継続していきます。

② 会　　員

- 本会の「めざすもの」を認め、会費を納入する人は、会員になることができる。
- 会費は、年4000円とし、7月末までに納入すること。①または②

①郵便振替　口座番号　00920-9-319769
名　　称　学力の基礎をきたえどの子も伸ばす研究会

②ゆうちょ銀行
店番099　店名〇九九店(ゼロキュウキュウ)　当座0319769

- 特典　研究会をする場合、講師派遣の補助を受けることができる。
  大会参加費の割引を受けることができる。
  学力研ニュース、研究会などの案内を無料で送付してもらうことができる。
  自分の実践を学力研ニュースなどに発表することができる。
  研究の部会を作り、会場費などの補助を受けることができる。
  地域サークルを作り、会場費の補助を受けることができる。

③ 活　　動

全国家庭塾連絡会と協力して以下の活動を行う。

- 全国大会　全国の研究、実践の交流、深化をはかる場とし、年1回開催する。通常、夏に行う。
- 地域別集会　地域の研究、実践の交流、深化をはかる場とし、年1回開催する。
- 合宿研究会　研究、実践をさらに深化するために行う。
- 地域サークル　日常の研究、実践の交流、深化の場であり、本会の基本活動である。可能な限り月1回の月例会を行う。
- 全国キャラバン　地域の要請に基づいて講師派遣をする。

全国家庭塾連絡会

① めざすもの

私たちは、日本国憲法と教育基本法の精神に基づき、すべての子どもたちが確かな学力と豊かな人格を身につけて、わが国の主権者として成長することを願っています。しかし、わが子も含めて、能力があるにもかかわらず、必要な学力が身につかないままになっている子どもたちがたくさんいることに心を痛めています。

私たちは学力研が追究している教育活動に学びながら、「全国家庭塾連絡会」を結成しました。

この会は、わが子に家庭学習の習慣化を促すことを主な活動内容とする家庭塾運動の交流と普及を目的としています。

私たちの試みが、多くの父母や教職員、市民の方々に支持され、地域に根ざした大きな運動になるよう学力研と連携しながら努力を継続していきます。

② 会　　員

本会の「めざすもの」を認め、会費を納入する人は会員になれる。
会費は年額1500円とし（団体加入は年額3000円）、8月末までに納入する。
会員は会報や連絡交流会の案内、学力研集会の情報などをもらえる。

事務局　〒564-0041 大阪府吹田市泉町4-29-13 影浦邦子方　☎・Fax 06-6380-0420
郵便振替　口座番号　00900-1-109969　　名称　全国家庭塾連絡会

漢字とイメージがむすびつく！ たべもの漢字ドリル　小学4年生

2022年3月10日　発行
●著者／堀井 克也
●発行者／面屋 尚志
●発行所／フォーラム・A
〒530-0056 大阪市北区兎我野町15-13-305
TEL／06-6365-5606　FAX／06-6365-5607
振替／00970-3-127184

●印刷／尼崎印刷株式会社
●製本／株式会社高廣製本
●デザイン／美濃企画株式会社
株式会社髙木新盛堂
●制作担当編集／樫内 真名生
●企画／清風堂書店
●HP／http://foruma.co.jp/